DE PARIS AU TONKIN

CALMANN LÉVY, ÉDITEUR

DU MÊME AUTEUR

LA FIN DU VIEUX TEMPS....................... 1 vol.

Pour paraître prochainement

DU TONKIN A PARIS.......................... 1 vol.

BOURLOTON. — Imprimeries réunies, B.

DE PARIS

AU TONKIN

PAR

PAUL BOURDE

Correspondant du *Temps*

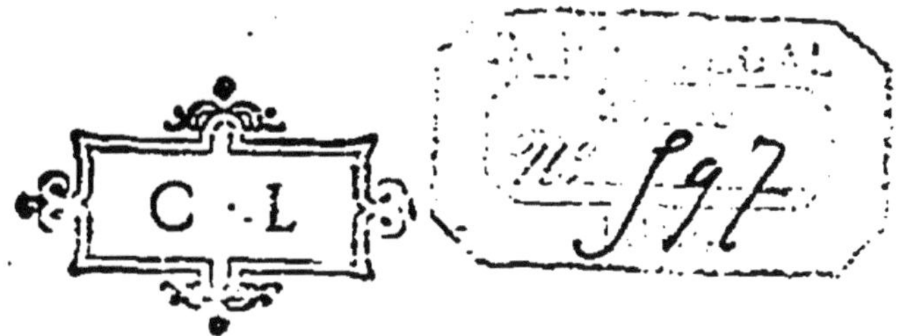

PARIS

CALMANN LÉVY, ÉDITEUR

ANCIENNE MAISON MICHEL LÉVY FRÈRES

3, RUE AUBER, 3

—

1885

A M. ADRIEN HÉBRARD

Si vous ne m'aviez pas fourni l'occasion de promener au loin mon humeur aventureuse, je n'aurais jamais fait ce livre. Acceptez-en la dédicace en témoignage de la reconnaissance et de l'affection que je vous garderai toujours pour la bienveillance dont vous avez aidé les commencements de ma vie littéraire.

P. B.

PARIS AU TONKIN

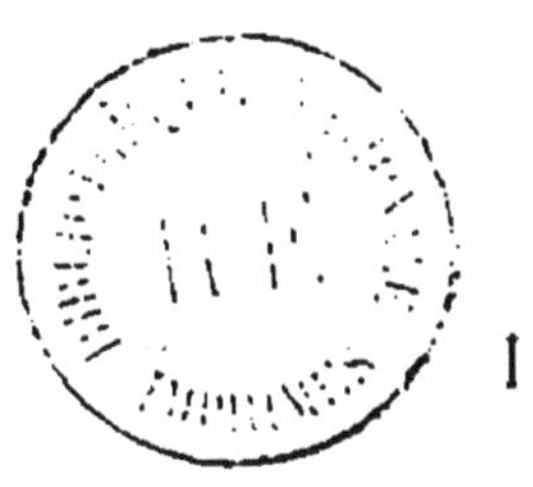

I

LA MÉDITERRANÉE. — LE CANAL DE SUEZ

24 décembre 1883.

La terre a disparu. Adieu, patrie ! Me voilà encore une fois hors de France, libre de tous les liens de l'habitude ; encore une fois sur la mer sans bornes à regarder les jeux des marsouins et les spirales des goëlands.

J'aurais aimé voir de grandes choses ; si j'avais pu choisir mon temps, j'aurais vécu au milieu de la gloire ; aussi n'ai-je jamais rien épargné pour courir aux spectacles historiques dès qu'il s'en est annoncé un sur la scène du monde. Mais y a-t-il de grandes choses pour un contemporain ? La France conquérant un empire dans l'Extrème-Orient, la Chine le plus vaste et le plus vieux des États s'ébranlant sous les coups de l'Europe, le Japon subitement ouvert s'emparant de nos découvertes et mariant deux civilisations dans ses îles, ne sont-ce pas là de grandes choses ? Sans doute la postérité les considérera comme telles ; seulement le curieux qui les contemple de près n'en aperçoit que des détails mesquins, sans aucune proportion avec cette grandeur, des intrigues misérables disputant à un ministre les moyens de réussir, des fautes faisant manquer les occasions, des soldats pataugeant dans les rizières, ou le ridicule d'un peuple jaune adoptant des costumes pour lesquels il n'est point fait ; elles n'éclatent aux yeux ni dans un grand événement ni dans un grand homme, et celui qui en jouit le mieux est peut-être le penseur qui de son fauteuil, en embrasse l'ensemble et, en calcule les effets dans ses méditations. Je sais cela, je le sais ; pourtant je repars quand même, et l'espoir des émotions est déjà un plaisir. Bats l'abime, hélice; fends la mer bleue, bateau; action, distrais moi! La vie est comme l'eau, d'autant plus amère qu'elle croupit davantage ; il faut qu'elle coule vite, et s'en étourdir, car si elle vous laisse le temps de l'interroger ce n'est plus qu'une fastidieuse énigme. En voyage, au moins, on s'échappe à soi-même; les jours s'envolent plus rapides, emportés par les surprises de l'inconnu ; l'âme, occupée ailleurs, n'a plus le loisir de se désespérer dans ce puits de ténèbres où elle cherche en vain la vérité.

Notre bâtiment est un de ces grands paquebots des Messageries maritimes qui sont les chefs-d'œuvre de la construction moderne. Les Français sont convaincus que, de même que nous ne savons pas coloniser, de même notre marine est incapable d'entrer en concurrence avec la marine anglaise. Une opinion vaut l'autre. La réalité est que les Anglais eux-mêmes trouvent nos bateaux plus agréables que les leurs; les passagers pour l'Inde viennent volontiers s'embarquer à Marseille, fuyant la cuisine barbare de leurs compatriotes.

Chaque navire a un tempérament propre comme un être vivant; construisez-en deux exactement semblables, sur le même type et les mêmes mesures, ils n'en seront pas moins aussi différents que deux petits d'une même portée. Le *Saghalien* appartient à la catégorie des grands marcheurs, mais il n'est pas parmi les mieux classés dans le nombre.

La connaissance est vite faite entre passagers. Savoir qu'on va passer un mois ensemble sur le même plancher de navire établit une communauté de sort qui abrège les cérémonies. Ce sont des Anglais partant pour l'Inde, des planteurs hollandais qui retournent à Java, des Français de Cochinchine, des fonctionnaires qui vont organiser les services au Tonkin. Ces derniers viennent presque tous de la Bretagne, la terre des marins; les colons de la Cochinchine sont des négociants de Bordeaux ou de Marseille. Quand le Paris des clubs, cet égoïste songe-creux, s'impatiente de cette question du Tonkin, qui repousse dans l'ombre les sujets ordinaires de ses déclamations, il oublie cette héroïque population de nos côtes, qui vit de la mer. Il est bien facile de dire que nous devons nous concentrer sur nous-mêmes, et de vanter la politique des mains nettes; mais il serait tout aussi facile de dire à cette population qu'elle n'a qu'à disparaître. De quel droit, pour quel profit la patrie la détournerait-elle du genre d'existence auquel la destine la nature?

Je suis très frappé de la conversation de ces hommes. La boule terrestre leur est aussi familière que la mappemonde à un savant de cabinet. Ils s'informent d'amis qui sont aux Antilles, à la Guyane, en Cochinchine ou à Taïti du même ton

qu'un boulevardier demande des nouvelles d'un
habitant des Ternes ou de Montrouge. Un jeune
homme, chef à trente-trois ans de l'une des
premières maisons de commerce de Saïgon,
qu'il a lui-même créée, en est à son quatrième
voyage en France. Il a, de plus, visité Hong-
Kong, la Réunion et l'Inde. Un autre, qui n'a
que vingt-sept ans, va pour la troisième fois au
Siam. En réalité, jamais les hommes disposés à
courir les mers n'ont fait défaut dans un pays où
s'est produite l'aventure du marquis de Rays. Ce
qui a manqué à la France pour mettre plus de
suite dans ses entreprises coloniales, c'est une capitale où il y eût une opinion pour les soutenir.
Paris qui, à tant de point de vues, est un si
admirable résumé de notre pays, a toujours eu
cette énorme lacune de ne point comprendre les
instincts de nos gens de mer. Ceux-ci commencent des établissements ; et c'est Paris, indifférent, qui les trahit au moment où ils ont besoin
de la patrie. Louis XV a bon dos quand on le
charge de toute la responsabilité de l'abandon

des Dupleix et des Montcalm. Ces héros n'auraient pas été abandonnés si l'opinion les avait
pris sous sa garde. Mais quelle est la voix qui
s'est élevée en leur faveur? Qui se souciait d'eux?
Qui les connaissait même et soupçonnait leur
mérite? On sait les mots dédaigneux par lesquels
Voltaire annonçait la perte des « quelques arpents
de neige » du Canada. Voltaire, c'était Paris. Et
Louis XV, en abandonnant nos colonies, ne
lésait que ces populations des côtes, dont la
capitale ignore les besoins.

———

26 décembre.

Hier, jour de Noël, nous avons passé la matinée à Naples, après laquelle on dit adieu à
l'Europe.

Nous avons admiré, une fois de plus, cette
incomparable baie dans la beauté architecturale

de laquelle les parties se balancent harmonieu-
sement comme dans le plan d'un édifice. La ville
nous a déplu. Les musées étaient fermés, nous
n'avions pas le temps d'aller au dehors, et l'on
sait qu'on ne trouve à Naples ni beaux palais ni
églises bien remarquables. Or, sans le prestige
de la belle saison; sans les pampres qui ver-
doient sur les flancs du Vésuve; sans la promenade du Pausilippe, pleine des souvenirs des
grands Romains qui y avaient leurs villas; sans
Pompéi, ce coin de l'antiquité si miraculeuse-
ment sorti des ruines; sans les Titien, les Cor-
rège, les Caravage, les Ribeira, les Luca Gior-
dano, l'exquise Psyché, les autres marbres et les
bronzes divins de son musée, Naples, découron-
née de ses attraits, n'a plus à montrer que ses
mendiants et sa saleté. Il serait impossible d'être
plus sordide sous un plus beau ciel. La crasse
monte en noires arabesques le long des murs;
le plastron de l'habit du garçon, dans le restaurant le plus réputé, luisait comme un miroir, et
le peuple amassé dans l'église où nous sommes

entré pour voir un office exhalait une telle
odeur qu'on aurait pu croire que l'on n'a pas
repris de bains en Italie depuis que les barbares
ont renversé Rome et ses Thermes.

Les Italiens, si jaloux de leur jeune réputation,
devraient bien prendre quelques mesures pour
cacher ces misères affligeantes. Un jour de net-
toyage obligatoire par semaine leur ferait certainement faire des progrès dans l'estime des
nations.

———

29 décembre.

La Méditerranée est une mer colérique, jamais
longtemps paisible. Le mauvais temps nous a
pris au sortir de Naples ; puis, pendant quatre
jours, jusqu'en vue de la côte d'Égypte, nous
avons subi une série de grains violents.

Le passager, étendu sur sa couchette, écoute

1.

les vagues donner l'assaut au navire pendant
ces mornes heures d'oisiveté forcée; il n'est
séparé de l'ennemi que par l'épaisseur de la
coque, et il en suit tous les mouvements. Il
sent la mer qui prépare son attaque, se ramasse,
et se gonfle avec un bruit sourd et profond; le
flot arrive, lancé comme une décharge d'artillerie contre le navire, qui penche sous le poids,
en craquant dans ses membrures; la masse
énorme s'écroule sur la paroi avec un bruit de
décombres, la crête passe par-dessus le pont et
des paquets d'eau tombent à l'intérieur par
toutes les claires-voies des roufles. Encore une
poussée et le navire se coucherait tout à fait.
Mais la mer ne donne pas deux coups de suite;
après chaque effort, elle reprend haleine à la
façon d'un lutteur fatigué; le tumulte de la
tourmente est ainsi coupé de courts et étranges
silences qui émeuvent plus que ses hurlements
furieux.

Pauvre folle, qui s'irrite sans savoir qui la
mène, et qui tempête comme si elle était libre !

Toi aussi tu es à la chaîne, forçat condamné comme les autres à l'œuvre incompréhensible du monde. Gronde, gronde, et menace, menace ! Tu ne connais pas plus que nous l'heure des événements, et pas plus que nous tu ne fais ta volonté.

Cependant ces colères de la mer vous font découvrir avec humiliation combien l'homme est une misérable et frêle machine. Mangera-t-on ? Ne mangera-t-on pas ? Belle question qui obsède exclusivement la pensée. Parfois les vieux officiers du bord, bien amarinés, se trouvent presque seuls à table. Ils avalent à la hâte et retournent vite à leur poste. La nuit, ils ne dorment guère. Repas incertains, repos troublés, aucune douceur d'existence, vingt-cinq ans à la mer loin de la famille, deux fois plus de chances qu'à terre pour ne pas arriver jusqu'au bout de la carrière : et voilà la vie du marin. Si la sensibilité moderne, qui irrite autant de misères humaines qu'elle en guérit, se mettait à s'apitoyer sur un sort aussi dur, on se demande s'il se trouverait encore longtemps des hommes pour l'affronter. Pour l'instant, quand on a l'air de plaindre un marin, celui-ci vous regarde avec surprise. Ils adorent leur pénible métier. Les émotions sont l'intérêt de la vie, et quel jeu en donne autant que les périls incessants de la mer ?

On a besoin pourtant, dès maintenant, du concours des races inférieures pour certains emplois impossibles aux blancs. On ferait un cours d'ethnographie assez varié sans sortir du *Saghalien* qui a complété son équipage parmi les divers peuples dont son itinéraire touche le territoire. Le personnel de ses manœuvres, de ses domestiques et de ses chauffeurs est une image en petit de la tour de Babel. Des coulis chinois, jaunes colosses silencieux, doux comme des femmes, qui roulent leur queue autour de la tête pour travailler, s'y mêlent à de grêles Somalis aux cheveux tressés en cordelettes, qu'on engage à Aden, et à d'affreux nègres d'un noir poudreux dont la tête est rasée comme une pastèque.

L'enfer n'aura plus de surprises pour ces pauvres diables, si jamais ils y descendent. Par les températures de 40 degrés à l'ombre de la mer Rouge, au milieu d'une mer surchauffée qui a des flamboiements d'acier en fusion, dans ces cales fumantes dont les flots bouillants font comme un bain-marie, ils restent devant l'ardente fournaise de la machine à jeter sans relâche du charbon au brasier qui le dévore. Ils se mettent complètement nus et, pour soutenir le feu qui rôtit leur corps ruisselant, ils s'incendient intérieurement par d'incessantes lampées d'alcool.

2 janvier 1884.

Une ligne de becs de gaz égrenés en chapelet d'étoiles au bas du manteau de la nuit annonce Port-Saïd quand on y arrive le soir. On ne voit pas autre chose, car la terre, à peine émergée

de la côte d'Égypte, ne se distingue pas de la
mer dans l'obscurité.

Vue de dix heures à minuit, la ville a la physionomie louche d'un coupe-gorge où des filles
et des croupiers sont embusqués sur la grande
route d'Europe pour attendre les gens qui ont
fait fortune aux Indes. Un sable épais y étouffe
les pas. Des ombres empaquetées dans des
burnous glissent silencieusement le long des
murs. Des orchestres de femmes autrichiennes
et valaques dont la beauté est en raison inverse
de la distance qu'il leur a fallu parcourir pour
échouer si loin, jouent des valses dans des
musicos que leurs vitres vivement éclairées
signalent de loin. Des Levantins obèses, sanglés
dans des vêtements qui les gênent, les cheveux
gras et luisants, les mains chargées de bijoux
faux, se tiennent près de la porte, faisant caril-
lonner quelques pièces de monnaie pour appeler l'attention sur une roulette aux opérations
de laquelle le Dieu Hasard ne préside pas. Une
population étrange, aux visages brûlés par tous

les soleils de l'Orient, boit de la mauvaise bière,
écoute de la mauvaise musique et se laisse voler
son argent dans ces repaires que des policiers
indigènes en tarbouch, aussi bénévoles que des
alguazils d'opéra-comique, surveillent d'un œil
paternel.

Suez, à l'autre bout du canal, est la contre-
partie arabe de cette Cythère européenne. Les
deux villes, nées du commerce, ont la désolation des lieux que la nature n'a point elle-
même désignés pour l'habitation de l'homme.
Elles calomnient l'Orient aux yeux du voyageur
qui débute par elles et qui n'y trouve ni la végétation luxuriante ni les frais ombrages qui sont
le charme des pays chauds. En revanche, Ismaïlia,
au bord du lac Timsah, apparaît au milieu de
ses pins et de ses platanes comme une ravissante
oasis. Le malheur est qu'on n'a point le temps
d'y descendre. On n'aperçoit de près que le
palais qu'Ismaïl Pacha avait fait construire pour
recevoir l'impératrice Eugénie à l'inauguration
du canal. Le monument est une ruine comme le

pouvoir des deux souverains qu'il a abrités; le sable en a envahi les salles basses; les élégantes guipures mauresques en stuc tombent de ses vérandas sans que personne songe à les relever.

———

Comme pittoresque, il n'est rien de plus plat que le canal de Suez. Le colossal n'y est nulle part apparent. Pour le sentir, il faudrait recourir aux statistiques, saisir l'énormité de l'effort dans quelque détail à la façon d'Hérodote dénombrant la quantité d'oignons consommés par les ouvriers de la grande pyramide d'Égypte, se représenter les vies d'hommes qu'il a coûtées, apprécier sur les cartes la révolution qu'il a faite dans la navigation, parcourir du vol de la pensée les conséquences du rapprochement de la jeune Europe et de la vieille Asie, toutes choses qui sont impossibles au voyageur qui passe ou auxquelles il ne songe point. Il est là, sur le pont du navire, sa lorgnette à la main,

qui demande à ses yeux des impressions gran-
dioses et qui n'en reçoit que de médiocres.
Aucun aspect n'étonne son imagination, rien ne
lui donne le saisissement du surhumain. Pour
peu qu'il ait couru le monde, des ouvrages de
bien moindre importance l'auront autrement
ému. Il est absolument déçu; le sublime se
dérobe.

Cette déception, fréquente avec les grandes
entreprises modernes, tient sans doute aux conditions dans lesquelles elles s'exécutent. Autrefois de pareilles dépenses ne pouvaient être
projetées que par des chefs ambitieux qui s'occupaient de leur réputation personnelle autant
que de l'utilité publique. Pour atteindre à la
gloire, ils visaient à l'effet. Si le Pharaon Nechao
avait, comme on lui en attribue la pensée,
creusé le canal trente siècles avant M. de Lesseps,
il n'aurait pas manqué d'en relever la construction par une décoration appropriée à la grandeur
de l'œuvre et destinée à rappeler sans cesse à
la postérité combien lui, Nechao, avait été un

grand roi. Il aurait ruiné l'Égypte pour un
certain nombre d'années et laissé un monument
admiré de tous ceux qui ne l'auraient pas payé.
Aujourd'hui, Nechao est remplacé par une
Société financière qui ne s'est formée que sur
l'assurance d'un bénéfice. M. de Lesseps a dû
viser au pratique, laisser de côté l'effet. Et le
canal est une merveille d'utilité absolument sans
figure.

La déception tient assurément aussi aux conditions locales. Si on écorchait la Hollande, on
aurait les environs de Port-Saïd, une terre plate
à demi noyée. Des sables jaunes, fauve linceul
de la solitude; des flaques d'eau qui renvoient en
reflets aveuglants la dure lumière qui les frappe;
un horizon immobilisé dans les miroitantes fan-
tasmagories du mirage; l'immense silence du
désert qui vous enveloppe et qu'on sent peser
sur soi; l'air farouche de la stérilité qui semble
demander ce que viennent faire les vivants chez
elle : tel est le tableau. Tant qu'on longe le lac
Menzaleh, une note gracieuse en atténue la

tristesse; des milliers de flamands pêchent et manœuvrent, rangés comme des soldats, pour pousser devant eux le poisson. Leurs files sont si correctes que, s'ils ne bougeaient point, on les prendrait pour des alignements de pilotis. Parfois ils s'envolent, et l'on n'aperçoit plus alors que leurs aisselles, d'un rose vif, tourbillonnant dans le lointain, comme des fleurs de pêcher au souffle du printemps.

Mais bientôt le sable l'emporte, les oiseaux disparaissent, et rien ne bouge plus sur cette terre morte, si ce n'est, de loin en loin, quelques chameaux à la mine chétive et pelée que suivent des Arabes en guenilles, avec ce pas allongé et solennel du nomade qui a l'infini devant lui.

On croise fréquemment des navires qui rentrent en Europe, et dont le pont fait songer à un lendemain de bataille. Les vaincus des climats chauds, les blessés de la fièvre et de la dyssenterie, hâves, maigres et débilités, s'appuient aux bastingages pour voir passer ceux qui vont affronter les mêmes dangers. On se re-

garde bord à bord ; ceux qui partent, insouciants
et comptant sur leur étoile ; ceux qui reviennent, atteints, les yeux cernés et noirs, avec cette
nuance de stupeur des gens qui se sentent
frappés par le sort. Les navires eux-mêmes sortis
depuis longtemps du port, l'épiderme éraillé et
sali par les épreuves ; les jointures, d'où le cal-
fatage est tombé, pareilles à des rides, ont une
physionomie de faiblesse et de fatigue. L'un
d'eux avec le croissant égyptien sur un pavillon
rouge ramenait des pélerins de La Mecque, qui
voyageaient tous coiffés du turban, tous un
chapelet dans les mains, insensibles à ce qui
se passait autour d'eux et rêvant accroupis.

Quand on examine les bords du canal, on re-
marque, le long des déblais rejetés sur la berge,
de petits courants de sable pulvérulents qui
descendent vers l'eau. Ce n'est rien, c'est presque imperceptible ; c'est le vent du désert en train

de défaire sournoisement le travail de cent mille ouvriers. Les navires l'aident; ils traînent après eux un petit raz de marée qui court le long de la rive, rongeant les endroits particulièrement friables, emportant de larges pans du sol. Il faut des dragues puissantes pour enlever ces décombres. Après avoir autrefois permis aux bâtiments de traverser le canal à toute vitesse; on mesure aujourd'hui leur marche. Six milles à l'heure ; si nous essayions d'aller plus vite, le pilote de la compagnie qui nous conduit nous rappellerait au règlement.

Joncs, ajoncs, roseaux, tamaris, M. de Lesseps a fait essayer de toutes les plantations pour fixer ces berges mouvantes. Elles ont réussi sur quelques points, échoué en beaucoup d'autres. Il est évident que le canal n'aura un caractère définitif que quand on l'aura partout revêtu de pierre. Les tronçons déjà défendus de cette manière sont assez larges pour permettre à deux navires de passer de front; il est toujours entré dans les projets de M. de Lesseps de rendre cette lar-

geur générale. Actuellement les navires s'en
vont à la queue leu leu, les uns derrière les
autres. Quand la file qui arrive de Pord-Saïd rencontre celle qui vient de Suez, l'une d'elles se
range dans une gare et laisse passer l'autre.
Si un navire donne dans le sable et s'échoue, les
deux files s'arrètent et toute navigation est suspendue. Nous avons éprouvé cet ennui près
d'Ismaïlia: Les heures d'attente comptent triples
au milieu du désert; pour peu qu'elles se pro-
longent, on devient d'une humeur d'Anglais
contre le canal.

LA MER ROUGE — ADEN

7 janvier.

Maintenant notre pays n'est vraiment plus qu'un souvenir au fond de notre cœur. Passé l'Égypte, il n'est plus rien, ne compte plus, n'existe plus. De Suez à San-Francisco, sauf dans l'Indo-Chine, nous ne trouverons désormais partout que la race anglaise, langue et mœurs, dominant sans partage ; une race forte et entière, âpre, exclusive, orgueilleuse, qui à son esprit et son fonds propre, qui se suffit et dédaigne ce qui n'est pas elle. Le rayonnement de Paris s'arrête à la Méditerranée; au delà, Paris cesse d'être une lumière. du monde; il nous faudra débarquer en Amérique pour retrouver des hommes qui rèvent de lui.

Nous sommes depuis cinq jours dans la mer Rouge. La mer est calme, le ciel ardent, mais supportable. Nous ne connaîtrons des chaleurs de ces parages que ce que nous en racontent les officiers du bord. En été, disent-ils, l'air est parfois irrespirable comme celui d'une fournaise, les rayons du soleil tuent aussi sûrement que des flèches empoisonnées. Certains cas foudroyants sont à peine croyables : un passager se découvre la tête quelques secondes pour saluer; il n'en faut pas davantage, le soleil le frappe, quelques heures de délire, et c'est un homme mort.

Les journées passent dans une molle nonchalance. Le soir on revêt la mauresque, puis on s'étend sur les chaises longues en rotin pour causer, ou, quand la conversation tombe, pour

regarder les étoiles et écouter gémir la mer le
long des flancs du bateau qui la déchire. La
mauresque dont le nom pourrait faire croire à
une provenance méditerannéenne n'est autre
que la blouse et le pantalon chinois de soie ou
d'indienne; c'est un vêtement indispensable
pour les nuits des pays chauds. Un jeune homme
de nos compagnons est la joie de notre petite
troupe: il organise des jeux, il est bon pianiste,
il fait danser, il danse, il dessine. À Suez il nous
avait montré qu'il montait bien à cheval; il s'a-
muse et nous amuse. Je songeais, en le voyant
ainsi briller, que rien de ce qui le rendait charmant ne lui avait été appris au lycée. Notre
système d'éducation ignore combien il importe
de plaire dans la vie. Peu de morale, point d'arts
d'agrément; le bonheur est la seule chose à
laquelle il n'ait point pensé.

La terre qu'on découvre à droite, à gauche,
n'a pas un brin d'herbe; ce sont des rochers
rougeâtres aussi proprement nettoyés que le stuc
d'une carte en relief. De loin en loin, des récifs

hérissent leurs angles contre lesquels les vagues démolissent lentement des vapeurs échoués.

Ce matin, cinquième jour, ces côtes désertes se sont rétrécies devant nous, et l'îlot de Perim nous est apparu comme un dogue couché en travers du détroit de Bab-el-Mandeb. Ce dogue porte le collier anglais. Il surveille le passage qui a dix milles du côté de l'Afrique et un mille et demi seulement du côté de l'Asie. Un fort loge une petite garnison avec laquelle les condamnés aux mines de Sibérie ne voudraient pas changer de condition. De quelque côté qu'elle tourne ses regards, elle n'a à contempler que la mer nue et les rochers nus, l'eau bleue et la pierre rouge. Le soleil la cuit à grand feu sur l'étroit îlot où les flots l'emprisonnent. L'eau et les vivres lui sont apportés d'Aden, qui est à six heures. On dit qu'on remplace tous les trois mois l'officier qui la commande pour l'empêcher de devenir fou.

La position de Perim est formidable, elle pourrait devenir un autre Gibraltar, fermant d'une clef sûre la route des Indes. Cependant la France possède les moyens d'en contre-balancer les avantages. La côte qui fait face à Perim lui appartient en effet de chaque côté du détroit, quarante-deux kilomètres autour de Cheikh-Saïd, sur le littoral arabe, et cent onze kilomètres autour d'Obock, de Ras-Doumeirah à à Ras-Ali, sur le littoral africain. Ne cherchez pas ces détails sur nos cartes; on a fait en France quelques beaux travaux spéciaux, mais point de bonnes cartes courantes; celles de nos atlas ordinaires sont généralement abandonnées aux fantaisies des graveurs, qui ne savent pas le premier mot des choses qu'ils ont à rendre.

Aussitôt qu'on pressentit l'avenir de l'isthme de Suez, l'Angleterre, qui possédait déjà les principaux points de la route du cap de Bonne-Espérance, s'assura ceux de la nouvelle route qui allait s'ouvrir. Elle occupa Aden en 1839 et Perim en 1840. La France chercha de son côté une station sur la mer Rouge. Elle essaya des baies d'Adulis, d'Amphilœ et d'Edd, sans se fixer définitivement dans aucune. En 1862, elle acheta le territoire d'Obock au sultan de Rahita. Cheikh-Saïd a été acquis en 1868 par l'ingénieur Boilay, pour le compte de la maison française Mas et Suel. L'État y installa un dépôt de charbon pendant la guerre de 1870. Le bâtiment à deux étages qui fut construit alors pour loger le personnel est toujours debout sur la plage, et le *Sailing-Book* anglais le désigne sous le nom de *French-Post*.

Il serait facile d'opposer aux canons de Perim des canons qui les domineraient de Cheikh-Saïd ; mais c'est bien assez des malheureux soldats anglais à rôtir sous le soleil ; il est inutile d'aller réveiller les vieilles jalousies et les vieilles querelles. La France aurait mieux à faire en essayant une bonne fois de tirer parti de cette possession d'Obock[1], dont la côte s'infléchit à l'ouest quand on sort du détroit. Le développe-

1. Le gouvernement français a fait occuper Obock par un résident et une petite garnison au mois d'août 1881.

ment de nos établissements de l'extrême Orient
doit nous inspirer l'ambition de posséder, nous
aussi, notre route des Indes, sur laquelle nos
navires voyageront sans avoir rien à demander
en pays étranger. Obock est une station toute
désignée de cette route, le mouillage y est meilleur qu'à Aden, on y trouve de l'eau. Mahé,
avec son port naturel, serait la suivante dans
l'Inde.

———

Voici l'histoire qu'on raconte à Aden sur la
prise de Perim : Un capitaine de frégate, portant un des noms les plus honorablement connus
de la marine française, avait reçu, du gouvernement de juillet, la mission d'occuper cet îlot. Le
vaisseau fait le tour de l'Afrique et touche à
Aden, où le gouverneur anglais récemment
installé donne une petite fête aux officiers du
bord. Au milieu du dîner, le capitaine de frégate
se penche d'un air malin vers son hôte :

— Maintenant, je puis tout vous dire. Vous

avez occupé Aden, mais nous, nous allons occuper Perim.

Le gouverneur ne bronche pas, sort un instant, revient, fait l'aimable et prolonge la soirée très longtemps. Le capitaine de frégate part enfin de manière à arriver à Perim avant le jour. Que voit-il? A l'ancre, un navire que le gouverneur avait dépêché en toute hâte, et, débarqué sur l'île, un détachement anglais dont l'officier lui dit :

— Perim était à prendre puisque vous veniez pour le prendre. Nous l'avons pris.

L'anecdote m'a paru caractéristique pour les deux peuples : le Français, causeur et glorieux, qui ne résiste pas à l'envie d'apprendre à l'Anglais qu'il est roulé, et l'Anglais flegmatique, qui ne se démonte pas. Si le capitaine de frégate avait été Anglais, il serait resté boutonné ; et, si le gouverneur avait été Français, l'habitude de la courtoisie lui aurait fait considérer la partie comme perdue.

8 janvier.

Nous sommes arrivés à Aden hier, au jour tombant. Oh! la digne capitale des sauvages solitudes dont le Bab-el-Mandeb épouvante le voyageur! La désolation trône en souveraine despotique sur cette presqu'île de rochers dont l'image s'imprime dans la mémoire comme le type inoubliable de l'aridité. Quand elle se dresse au-dessus du plan des eaux, empourprée des reflets de la fournaise que le soleil couchant allume sur la mer, l'œil ne distingue d'abord que des profils à l'emporte-pièce aux arêtes aussi vives que celles d'une cassure fraîche, des pics dardés vers le ciel comme des pointes de flamme et tailladant l'éclatant azur tropical de leurs dents aiguës. Puis, à mesure que cette masse hérissée se modèle sous le regard, on voit que les crêtes s'en détachent en plusieurs chaînes entre lesquelles s'évident des

vallées qui descendent vers la mer. Crêtes inac-
cessibles, vallées abruptes et inhabitables, car-
casse de décor sur laquelle la nature a oublié
d'ajouter ce qui est indispensable aux êtres
vivants. La montagne, hideuse comme un squelette, montre partout son basalte dénudé sur
lequel les ravages du temps recoupent de leurs
balafres les déchirures des convulsions volca-
niques qui l'ont arrachée du fond des flots. Les
débris qui s'en détachent et s'amassent dans les
creux ont cette stérilité minérale des scories dont
le feu a dévoré les principes fertiles. La poussière que le vent y soulève bruisse en tombant
comme si elle était composée de petits grains
de verre. Aucune source ne ranime de sa fraîcheur un coin de cette terre morte, aucun
arbuste n'insinue sa racine dans les fentes, aucune frange de verdure ne masque la gueule des
crevasses; nulle part l'humus n'adoucit en
molles courbes les lignes heurtées, anguleuses
et tranchantes de ce brutal paysage qu'a recouvert d'une teinte générale de cendre rousse

l'implacable soleil qui le calcine depuis tant de milliers d'années.

Les Anglais ont pris ces rochers; avec la patience de l'artisan hindou qui sculpte une vue de ville sur la dure enveloppe d'un coco, ils en ont entaillé les assises les plus voisines du port pour creuser des routes, niveler les esplanades qui portent leurs casernes et élever des fortifications. Le dernier des sauvages se plaît à entretenir un peu de verdure auprès de sa hutte; les Adenais partagent probablement ce goût instinctif chez l'homme; cependant ils ont en vain essayé de le satisfaire, car, il n'existe pas, dans toute la région qu'ils habitent, un buisson assez bien venu pour leur donner les délices de l'ombre. Nous vîmes cependant, devant la maison du télégraphe, dans des fosses cimentées qui leur conservent entière la moindre goutte d'eau dont on les arrose, ainsi que sous la vérandah de l'hôtel Suel, dans des caisses de bois peintes classiquement en vert, quelques plantes souffreteuses que leurs propriétaires, désireux de ne pas oublier comment sont faites les feuilles, soignaient avec d'autant plus d'amour qu'elles paraissaient bien résolues à mourir.

Il n'est pas besoin d'ajouter qu'un jardin est une merveille connue à Aden seulement par ouï-dire; pour y manger un poireau, il faut le faire venir du dehors. La ville ne prolonge son existence artificielle qu'à la condition d'être régulièrement ravitaillée. Une partie même de l'eau qu'elle consomme est fabriquée. Quand les barques somalis, qui viennent se disputer les passagers à la coupée du paquebot, retournent à terre, on montre aux étrangers une lourde construction dont le pied baigne dans la mer, en leur disant :

— Voilà les sources d'Aden.

C'est une usine où des appareils de condensation distillent l'eau salée. Le breuvage qui en sort ne se distingue pas, les premiers jours, de l'eau des puits; mais on dit que l'insipidité en devient vite sensible et rebute le palais.

Si la parfaite sincérité n'était point la seule

qualité à laquelle prétendent ces notes de voyage, je pourrais parler longuement des fameuses citernes. J'en ai sous les yeux plusieurs photographies passables et je trouverais dans mes livres cinq ou six descriptions que je n'aurais qu'à recopier. Rien ne m'empêcherait de disserter sur leur origine et de me prononcer soit en faveur des Perses, sur les indications des archéologues anglais, soit en faveur de la reine de Saba, comme le veut une légende locale. La reine de Saba aurait mes préférences, je ne le cache point. L'amie de Salomon trouve toujours des poètes, après trois mille ans écoulés, et Aden est tellement dénuée de tout, que je me ferais un scrupule de conscience de lui chicaner encore le prestige du nom de cette beauté mystérieuse. Mais le passager d'un paquebot dispose de sa personne juste aussi librement que le colis arrimé au fond de la cale. Un écriteau l'avertit, pendant les relâches, que le navire repartira à telle heure, et, comme il sait qu'on ne l'attendrait pas, force lui est de renoncer aux excursions les plus intéressantes pour rentrer à temps. Je n'ai donc point vu les citernes et je n'en dirai rien, si ce n'est qu'on nous a raconté qu'elles ne sont d'aucune utilité, attendu que, le propre des citernes étant de recueillir l'eau des pluies, il faut qu'il pleuve pour qu'elles entrent en fonction. Or Aden n'a jamais reçu une ondée assez forte pour remplir les siennes, et les bosquets que l'on entretient dans le voisinage et qui ne sont, paraît-il, pas beaucoup plus vigoureux que ceux du télégraphe, suffisent pour boire le liquide boueux que l'on y puise.

Nous avons dû nous contenter de visiter Steamer-Point, la ville européenne, réunion, au bord de la mer, de quelques maisons à murs épais et à galeries appuyées sur de gros piliers trapus, pareilles à celles que l'on voit dans nos oasis algériennes. Des façons de construire identiques sont sorties d'un besoin commun d'échapper au soleil. Des magasins portant des noms aux consonnances nouvelles pour nos

oreilles; des Parsis et des Banians aux grands
yeux fendus en amande et aux manières douces;
des juifs de la côte de Malabar qui portent aux
tempes la longue mèche en tire-bouchon qu'on
retrouve chez leurs coreligionnaires d'Autriche
et de Pologne, et qui harcèlent l'étranger sur
un ton de prière pour lui vendre des plumes
d'autruche ou lui proposer de changer son
argent; des cipayes en turban blanc, vous
avertissent que vous avez mis le pied sur
une dépendance du *British India* et que vous
allez pénétrer dans un monde nouveau.

Pensant que nous aurons l'occasion de revoir
à loisir ces types dans leur propre pays, nous re-
gardons surtout les Somalis que nous ne retrouverons plus après Aden. Ils viennent de la côte
d'Afrique, de cette Région des Aromates d'où
les anciens tiraient la myrrhe et l'encens. Ils appartiennent, avec les Abyssins et les Gallas,
leurs voisins, à la race foncée sans être nègre,
qu'on appelle la race éthiopienne. La couleur
des plus blancs ne saurait mieux se comparer

qu'à celle des cosses de caroubier, mordorée
avec des luisants plus clairs sur les saillies. La
chevelure crèpelée, la poitrine étroite et sans
pectoraux, la gracilité des membres, surtout
certaines attitudes, comme les jambes tenues
droites, sans accuser la saillie du genou, et
comme le coude tombant le long du corps tandis que l'avant-bras se relève dans ce geste de
l'offrande si familier aux anciens Égyptiens,
sont des traits qui font songer aux peintures des
hypogées du Nil. Je n'indique ce rapprochement
que pour céder au plaisir que l'on éprouve à
confronter ses impressions avec les souvenirs
de ses lectures, tout en sentant qu'il ne faut pas
trop s'y arrêter. Le nez épaté et la peau irré-
cusablement noire de beaucoup de ces Somalis
dénotent des croisements propres à dérouter les
hypothèses. Acajou ou ébène, ce sont des sauvages qui sont habillés quand ils ont ceint leurs
reins d'un petit lambeau de toile et dont la toilette est complète quand ils se sont enduit les
cheveux d'une chaux qui les fait blanchir.

L'un de nos campagnons, qui savait un peu d'arabe, engagea avec le patron de la barque qui nous ramenait à bord un brin de conversation.

— Tu es Ingrisi (Anglais), lui dit-il.

Le Somali protesta avec indignation.

— Je suis moslim (musulman).

Ce pauvre diable bronzé et presque nu nous regarda tous avec un sourire où perçait le mépris; il répéta plusieurs fois : Moslim ! Moslim ! Il était évident que, dans sa pensée, il constatait ainsi sa supériorité sur nous.

Nous aimons à croire que l'idée que nous nous faisons du progrès est d'une telle évidence, qu'elle doit s'imposer finalement au monde entier. Eh bien ! ce Somali se moquait parfaitement de nos inventions et de notre confortable. Le dernier mot de l'ambition humaine consistait pour lui à être musulman; il l'était, et nous lui faisions pitié de ne point l'être.

Ce matin, avant l'appareillage, des enfants ont entouré le paquebot en poussant des cris forcenés; ils montent deux par deux des pirogues creusées dans un tronc d'arbre qu'au moyen d'une seule pagaie à très large palette, ils font filer sur les vagues avec une légèreté de goëland. Ils offrent de montrer leur talent de plongeur pour quelques pièces de monnaie et sollicitent les passagers par des appels dans lesquels ils mélangent des bribes de toutes les langues qu'ils entendent parler aux marins : « Yes, sir; yes, sir!... A la mer, à la mer, capitaine ! Def daye, def daye!... Ho! Ho ! » Ils se jettent à la mer, et, les quatre membres repliés à la façon d'une grenouille qui prend le frais à fleur d'eau, ils se soutiennent des heures entières, écarquillant les yeux sur le navire, arrondissant la bouche pour mieux crier. Lance-t-on cinquante centimes, les pagayeurs abandonnent pagaies et pirogues et plongent en faisant jaillir l'eau autour d'eux; ceux qui étaient déjà à la mer font un demi-tour de marsouin sur eux-mêmes et disparaissent de leur côté. Ils ne remontent que lorsque le plus leste a saisi la pièce, qu'il fourre par précaution dans sa bouche. Ses camarades lui appliquent traîtreusement quelques torgnoles sur la tête pour voir si, par hasard, elle ne tiendrait pas bien contre sa joue. Quand ils ont perdu l'espoir de la lui arracher, les pagayeurs tirent leur coupe pour rattraper les pagaies que le flot emporte, et chacun reprend sa place, les uns assis dans les pirogues qu'ils vident avec les mains, les autres, toujours flottant sur l'eau, en continuant à appeler : « A la mer! à la mer! capitaine !... » On est surpris de leur voir si peu de muscles et tant d'agilité. Il en est qui passent sous la quille du paquebot et reparaissent de l'autre côté en se jouant.

Un incident extraordinaire interrompit cette scène. Un nuage creva subitement et, pendant quelques minutes, versa des cataractes sur Aden assoiffée. La pluie, en touchant les rochers échauffés, se volatilisait comme une goutte qui tombe sur une plaque rougie ; elle enveloppa la presqu'île d'une vapeur qui s'évanouit promptement elle-même dans la siccité générale de l'air ambiant. Il paraît que ces courtes averses, qui jadis restaient parfois cinq et six ans sans se reproduire, sont depuis quelques années assez fréquentes l'hiver. On aura peine à le croire, elles inquiètent les habitants. Aden sans pluies était assez salubre; les pluies pourraient amener des maladies.

III

L'OCÉAN INDIEN. — CEYLAN

11 janvier.

Qui donc a comparé le premier la mer à la femme? Celui-là avait aimé et voyagé. Pauvre jouet sans volonté que le passager bercé par l'énorme océan! La mer est-elle mauvaise? Il l'exècre et la maudit; il pense avec attendrissement à Paris, cet autre charmeur, qu'il a quitté; il lui jure intérieurement, par les serments les plus sacrés, qu'il lui sera désormais fidèle; s'il possédait le tapis sur lequel voyagent, avec

la rapidité de la pensée, les héros des contes
arabes, il se transporterait à l'instant même au
coin de son foyer, dans le fauteuil où il repren-
drait le livre qu'il a interrompu pour partir.
Est-elle belle? Il oublie tout, il lui pardonne tout,
repris par ce sourire; la séduction recommence.
L'immense vide dont elle l'environne le pénètre
de sa grandiose et formidable tranquillité; il
éprouve, à y laisser errer le regard, des quiétudes
de bienheureux; et il se remet avec délices,
comme l'avare qui a besoin de remuer ses pièces
d'or, à repasser les rêves dont les enchantements
des rivages lointains qu'elle baigne ont bercé sa
jeunesse.

—

Nous sommes maintenant en plein océan In-
dien. La brise du nord-est, ou, pour parler à la
façon des marins, la mousson de Nordêt, nous
arrive de l'Inde aussi tiède que nos vents d'août.
Pendant six mois, elle pousse la mer dans la

même direction : le navire marchant dans le sens opposé, les vagues filent le long du bord, très vite, très vite, en se poussant les unes les autres, comme si elles étaient entraînées par une pente ou qu'elles fussent pressées d'arriver quelque part.

———

Le ciel n'est pas aussi différent du nôtre que nous nous y attendions; des nuées en pâlissent l'azur, et il ne nous a pas encore étalé ces constellations, étincelantes comme des joyaux fourbis à neuf, que les descriptions nous ont promises. Cependant, les astres ne sont plus les mêmes. A midi, quand sa lumière tombe d'aplomb, le soleil a une force inconnue de nos plus violents soleils d'été. La chaleur n'est pas plus grande, mais elle est plus dense pour ainsi dire; les rayons sont quelque chose de palpable, ils frappent la peau à la manière d'un jet brûlant aussi nettement circonscrit que la tache lumineuse qu'ils projetteraient en tombant par un trou dans une chambre obscure. La mer devient alors un miroir ardent dont le resplendissement est insoutenable. Elle flambe comme un punch monstrueux que brasse le vent. Pour échapper à cette aveuglante réverbération, on couvre les bastingages de toiles du côté où elle reçoit le soleil.

Le soir, l'air conserve de cette débauche de lumière une transparence admirable. Il flotte si fluide, si limpide au-dessus de la mer noircie et opaque, qu'on dirait que celle-ci a avalé les ténèbres de la nuit et les retient dans ses eaux. Et, quand la lune paraît et monte paisiblement à travers l'espace, il l'entoure d'un nimbe ambré dont la chaude et subtile nuance est pour l'œil une caresse aussi douce que le son d'une flûte suave pour l'oreille. Ce n'est plus notre lune du nord, la stérile et froide souveraine des mélancolies et des chimères, qui fait frissonner les spectres dans leurs tombeaux, mais une divinité bienfaisante qui apaise le monde surmené

par les excès du jour; elle repose, elle ranime,
et il n'est pas un passager, si fermée que soit
son âme aux mystérieux attraits des choses, qui
ne reste longuement à la contempler avec un
indéfinissable plaisir. Elle donne sur les flots des
fêtes silencieuses auxquelles on s'attarde bien
au delà de l'heure que le règlement fixe pour
le coucher. Du navire au point où elle s'est levée
sur l'horizon, elle tend sur la sombre surface
de la mer une bande lumineuse, où les crêtes
des vagues se transforment en étincelles qui
luisent, s'évanouissent et luisent de nouveau
dans un incessant fourmillement. Il semble que
des milliards de serpents vermeils se jouent les
uns par-dessus les autres.

13 janvier.

Ce matin, nous avons passé près d'une des
Laquedives, l'île Minicoi. Une bande d'un vert

tendre émerge de la mer sur une terre si plate, qu'on ne l'aperçoit que comme la ligne qui encadre le bas d'un dessin. Qu'est-ce que ces arbres? Reclus parle de cocotiers. Sur leur nuance pâle, des passagers parient pour des palétuviers. Cela ressemble à une paisible saulaie sur les bords de la Seine, et la tour rouge du phare que les Anglais construisent fait songer à une cheminée d'usine. Ainsi se présente modestement à nous la végétation tropicale dont Minicoi est le poste avancé. N'importe, nous sommes heureux d'être sortis des régions désertes, des affreux rochers nus de la côte arabe et de la pointe d'Afrique; cette verdure nous fait plaisir en nous annonçant que la nature redevient féconde.

———

15 janvier.

Ceylan, l'île d'émeraude, la terre des rubis, surprend le voyageur qui arrive d'Europe par

Suez. Il passe subitement de l'absolue stérilité à la plus luxuriante magnificence; le saisissement de cet excessif contraste le livre sans réticence à l'admiration. Maintenant, les contes merveilleux de notre vieil ami Sindbad le marin me paraissent beaucoup moins entachés de gasconnade, et je me sens tout disposé à lui faire des excuses pour avoir souvent suspecté sa véracité. Comment un pauvre Arabe, accoutumé au jeûne des yeux par son éternel sable fauve, ne perdrait-il pas la tête et ne divaguerait-il pas comme un homme ivre en absorbant tout d'un coup un pareil spectacle?

Depuis dix-huit mois, les paquebots ont abandonné le port trop difficile de Pointe-de-Galles pour relâcher à Colombo, la capitale actuelle de Ceylan. Les nuées qui couronnaient l'île nous en voilaient à notre arrivée les montagnes en pyramides; nous n'avions donc devant nous que la courbe infléchie de la rade, continuée en pointe d'hameçon dans la mer par la jetée que l'on achève de construire; et, sur cette courbe, à l'ombre d'une forêt de cocotiers, dont le vent balançait les grands éventails, s'éparpillaient, dans un désordre qui sent plus le village que la grande ville, les cases aux toits de tuiles rouges de Colombo. Quelques flèches de clocher pointaient par-dessus les masses vertes; au lieu de ce détail connu, nous aurions préféré les multiples étages d'un gopoura de vieille pagode, dressant vers le ciel leurs innombrables personnages sculptés en relief; mais Colombo n'ayant point été capitale aux temps des dynasties indigènes, n'a point de monuments originaux à montrer au visiteur.

Une barque montée par six Malabars, au torse nu et foncé comme un vieux cuir, leur bourse en forme de scapulaire au cou, un foulard rouge noué autour de la tête et la bouche ensanglantée par la chique de bétel, nous amena le pilote qui nous fit entrer dans le port, où un grand nombre de navires étaient déjà à l'ancre. Des embarcations de toute sorte se dirigèrent aussitôt sur nous comme une troupe d'oiseaux de mer qui s'abat sur un cétacé échoué : des barques couvertes d'un tendelet à l'arrière amenant des Européens en vestes blanches, avec le casque en moelle de sureau ou d'aloès; de petits steamboats, disgracieux comme des sabots, qui vous descendent à terre pour quelques annas; des bateaux indigènes nageant au moyen de rames faites d'une perche à laquelle on ajuste une pelle ronde; des pirogues à balancier, le plus singulier instrument sur lequel l'homme se soit jamais confié aux flots. Les Malais les ont importées de la Polynésie, dont les indigènes leur en avaient enseigné le secret. Figurez-vous deux planches liées en V, mais d'un V dont les branches sont si rapprochées, que la plus fine de nos périssoires paraîtrait pansue auprès, et que les rameurs qui s'installent au dedans, fatigués d'avoir les jambes comme emprisonnées dans des éclisses, les laissent le plus souvent pendre pardessus le bord. Cette machine seule ne tiendrait pas cinq minutes en équilibre sur la mer. On la relie donc, par deux perches recourbées, à une grosse pièce de bois qui plonge dans l'eau à deux mètres de son flanc. Ainsi développée d'un côté, la pirogue s'en va penchant, pareille à un gros insecte qui a perdu une aile.

En même temps que les embarcations, arrivèrent des volées de corbeaux qui, croassant et se querellant, prirent, sans plus de façon, possession du navire et se mirent à chercher si l'on n'avait pas égaré dans les coins quelques débris du déjeuner. Il est curieux de voir cet oiseau, chez nous si sauvage, vivre, dans Colombo, à demi apprivoisé comme les pigeons de Saint-Marc ou de Moscou. Avec son petit œil goguenard et son gros bec indiscret, on est sûr de le retrouver furetant partout dans les rues et ne se dérangeant devant le passant qu'autant qu'il risque d'être foulé aux pieds.

La foule des rameurs était déjà aussi bigarrée qu'un champ de tulipes de Harlem; une fois à terre, ce fut une bien autre fête. La pièce principale du costume des Cinghalais est un jupon d'indienne. On ne saurait imaginer l'effet d'une population ainsi vêtue, arborant des nuances auxquelles les glaciers-confiseurs et les marchands de fruits nous ont plus habitués que les tailleurs; le jaune citron, la pistache, le vert pomme, la groseille, le rouge cerise, le rouge feu, le bleu de ciel, l'abricot, le violet outré, aucun ton ne paraît trop vif ou trop invraisemblable. Pour les varier, on les mêle, et ce sont des rayures, des quadrillages, des arabesques géométriques, des ramages de fleurs et de feuillages, des floraisons de bouquets, des volées d'oiseaux de la plus délicieuse gaieté sous une belle lumière.

Le torse est généralement nu au-dessus de ce jupon; on s'habitue promptement aux riches teintes cuivrées des épidermes patinés par le plus cuisant des soleils : elles sont en harmonie avec la tonalité générale du pays, elles expriment la santé; les peaux blafardes que révèlent les bains publics sous nos latitudes tempérées, ici paraîtraient malades, et, le dirai-je, indécentes. Malheureusement, la musculature des Cinghalais laisse à désirer; leurs formes sont veules et sans accent. Avec leurs cheveux roulés en chignon, leur peigne en écaille, leurs manières douces et certaine bonne humeur aimante qui semble générale parmi eux, avec leur jupon et leurs membres rondelets, on les prend à première vue pour des femmes. Les métis rappellent dans leur accoutrement leur double origine : indigènes par le jupon à fleurs, ils sont Européens par le paletot noir qu'ils endossent par-dessus et par le chapeau qu'ils posent sur un peigne d'écaille. Les Maures musulmans, qui sont aussi des métis provenant du croisement des Arabes avec les Cinghalaises, se reconnaissent à une tiare en fibres de cocotier, teinte de plusieurs couleurs, qui menace toujours de rouler sur leur crâne rasé.

Colombo se partage en deux villes : la ville européenne groupée dans le quartier du Fort, qui a pour faubourgs Savage-Island et Colpitty, réunions de villas au milieu d'une splendide verdure, et Pettah ou Black-Town, la ville noire, avec ses cent dix mille indigènes. On montre dans la première quelques édifices où l'on a fait grand usage de l'ordre toscan; mais nous avons pour principe de ne pas donner à ces imitations plus d'attention qu'au vers latin que l'on fabrique à l'aide d'expressions prises aux anciens poètes. Nous ne nous sommes pas arrêtés davantage au Musée bâti au milieu d'anciennes plantations de cannelliers transformées en parc. La sculpture indoue ne s'est jamais élevée au-dessus du mérite décoratif, c'est la trahir que d'en produire des morceaux détachés. Quant aux collections d'histoire naturelle, l'Inde était pour nous trop nouvelle pour que nous allions nous arrêter devant des animaux empaillés et des graines sèches, alors que tant de choses vivantes nous sollicitaient au dehors.

Nous courûmes donc la ville sans autre but que de la voir. De petits bœufs à bosse, au chanfrein busqué, aux cornes souvent curieusement dressées en branche de lyre, traînaient des carrioles en trottant comme des chevaux; d'autres

étaient attelés à des charrettes bâchées de
palmes de cocotiers. Nous fîmes des stations
devant des boutiques où éclataient les vives couleurs des fruits inconnus. On nous ouvrit des
noix de coco dont nous bûmes l'eau aigrelette
sans y prendre un goût bien vif, nous mangeâmes
des bananes et des mangoustans, nous mâchâ-
mes des noix d'arec que nous trouvâmes détes-
tables. Le vendeur de bibelots et le mendiant
sont une calamité à laquelle l'étranger doit se
résigner en quelque endroit qu'il débarque; du
moins ceux de Colombo nous amusèrent par la
nouveauté : on nous offrait des éléphants d'ivoire
ou d'ébène, des bracelets d'écaille rehaussés de
placages d'argent, des coffrets ornés de stries
composées avec des piquants de porc-épic, des
pierres qui, paraît-il, ne sont pas toujours pré-
cieuses. Des enfants nous présentaient des
bâtons de cannellier qui parfument les mains. Des
faiseurs de tours tendaient devant nous le tapis
usé sur lequel ils escamotaient les muscades,
non dans de vulgaires gobelets, mais dans des

moitiés de noix de coco nettoyées et polies. Un charmeur de serpents, un petit panier rond sous le bras, nous harcela jusqu'à ce que, pour quelques centimes, nous lui commandassions une représentation. Il joua d'une sorte de biniou ; aussitôt, une cobra de belle taille sortit du panier en dardant une langue fourchue, elle déploya son cou, sur lequel une fantaisie de la nature a dessiné en noir, très exactement, ce binocle à branche, dont se servait le dix-huitième siècle. Notre charmeur était novice, il ne savait que présenter un linge rouge au serpent, qui se jetait bravement dessus.

Bien que la saison fût défavorable, et les herbes annuelles séchées, la végétation nous enchantait par-dessus tout, une végétation au port énergique, aux branches noueuses et puissantes, à l'écorce brillante de sève, au feuillage opulent, net comme une découpure dans le métal et durci par les vents brûlants. La ville et plus spécialement Savage-Island et Colpitty étaient, drues et hautes, cou-

vrant la terre d'ombre, les merveilles d'un parc
botanique où les plus admirables essences dis-
putent le sol aux cocotiers. Ceux-ci dont la forêt
recommence toujours devant le visiteur sont
d'une élégance plus raffinée que nos dattiers algé-
riens ; le stipe n'en est pas écaillé et, au lieu de
s'élancer d'un jet, il ondule comme un grand cou
d'oiseau. Mêlés à eux nous retrouvions, comme
de vieilles connaissances, ces arbres dont les
noms apparaissent dans Bernardin de .Saint-
Pierre tout imprégnés de soleil : les manguiers
qui se détachent en masses sombres, les pamplemousses, les papayers avec leur touffe de feuilles
aux lobes écartés, les corossols chargés de fruits
enveloppés de piquants comme nos châtaignes,
les jacquiers aux troncs desquels pendent de
grosses courges longues et rugueuses, les figuiers
multipliants aux dômes énormes et beaucoup
d'autres dont je chargerais inutilement le papier.
Deux lacs aux contours capricieux et de petites
pièces d'eau que constellent les blanches étoiles
des lotus ouvrent à travers toutes ces frondaisons

de vastes perspectives où la vue plonge avec ravissement. Cette force dans la vie végétale inquiète; comment nos modestes poumons d'hommes du nord supporteront-ils l'air qui la nourrit et qui nous bat la joue de son souffle chaud?

Ces arbres ont un caractère commun; les feuilles, chargées d'une couleur intense, luisent comme des laques. Au-dessous croissent, touffus et désordonnés, nuancés à l'infini du blond au ponceau bruyant, des arbustes parfois aussi colorés que des buissons de fleurs. Mais, quelle que soit cette nuance, elle ressort toujours aussi franche et aussi solide que le vert des arbres sur le fond rouge du sol de Colombo pareil à de la brique pilée. Point de ces couleurs maigres et crayeuses de nos pays tempérés, mais des tons gras et lustrés, violemment rassemblés. L'éclatante lumière se charge de mettre de l'harmonie dans le tapage.

Dialogue avec un compagnon de voyage :

Lui . — Eh bien ! comment avez-vous trouvé Colombo ?

Moi. — Admirable ! C'est bien l'Inde. Aucune déception ! J'en ai pris le plus que j'ai pu par les yeux.

Lui. — Quels blagueurs vous faites, vous autres écrivains ! Je ne sais pas où vous voyez tout ce que vous racontez ensuite. Avez-vous jamais mangé un plus mauvais dîner qu'à l'hôtel ?

Moi. — Je ne sais pas, je n'ai pas fait attention.

Lui. — J'en suis sorti plus affamé qu'en arrivant. Et cette poussière rouge ! Non, ne me parlez pas de ce pays.

Un autre passager me disait : « J'ai vu plusieurs fois le Bosphore sans éprouver cette émotion dont on parle tant. » Et il ajoutait, au cours de la conversation. « A Athènes, l'Acropole n'est pas encore ce qu'il y a de mieux. » Comment les hommes se comprendraient-ils ?

———

J'ai connu, plus que personne, cette crise douloureuse de la jeunesse où l'âme malade du vide que fait en elle la perte des premières croyances cherche anxieusement, à travers les philosophies, des convictions nouvelles où elle retrouve le repos. Au milieu de mes tourments, je m'abandonnais quelquefois à la chimère. Je pensais à ce vieil Hindoustan dont la civilisation était déjà mûre alors que l'Europe balbutiait encore dans la sauvagerie, à cette aînée vénérable de notre race, à cette terre classique des vastes cosmogonies sur laquelle, depuis tant de siècles, les systèmes s'engendrent les uns des autres dans une végétation aussi touffue et aussi luxuriante que celle de ces figuiers qui se multiplient d'eux-mêmes à l'infini, chacune de leurs branches devenant un arbre à son tour, aussitôt qu'elle touche le sol. Et je me disais que peut-être au moment où mes belles années s'en allaient en lambeaux, déchirées à tous les buissons de l'incertitude, il y avait dans quelque solitude du Gange, près d'une fontaine fréquentée seulement des animaux sauvages et de lui, à l'ombre des bananiers dont les fruits lui suffisaient, quelque prince fatigué des grandeurs comme Sakyamouni, ou quelque brahme retiré loin du monde et vivant en ascète pour mieux méditer, un sage enfin qui avait découvert la vérité et qui savait le pourquoi de notre existence et le pourquoi du monde. Oh! de quel cœur je serais parti pour lui demander de m'admettre comme son disciple! Aujourd'hui que je suis résigné à n'être dans la vie qu'un acteur qui ne connaîtra jamais de la pièce où il figure que le bout de rôle dont il est chargé, je ne prendrais plus le bâton du voyageur pour une pareille raison. C'est donc avec ce sentiment de douce complaisance que l'on apporte à la réalisation d'un ancien projet dont on n'attend plus rien que j'acceptai l'offre qu'un de nos compagnons de voyage nous fit de nous présenter à Sumangala, le plus distingué des prêtres bouddhistes de notre temps.

Sumangala est grand prêtre de la Sripada et

principal de la Widyodaya-Parivena. La Sripada est le temple construit sur le pic d'Adam, dont le cône noir s'aperçoit au loin de la mer et domine Ceylan. Au sommet de cette montagne est marquée l'empreinte gigantesque d'un pied humain que les bouddhistes considèrent comme le pied de Bouddha, les sivaïtes comme le pied de Siva et les chrétiens et les musulmans comme le pied d'Adam, ce qui fait du pic, pour tous ces croyants, un lieu sacré entre tous. La Widyodaya-Parivena est le grand séminaire bouddhiste de Colombo, où les bonzes viennent s'instruire avant de se répandre dans Ceylan, dans le Siam, en Birmanie et jusqu'en Chine. Sumangala est, en outre, l'inspirateur de la *Theosophical Society*, qui a conçu l'ambition hardie de rallier l'Europe à ses doctrines. Oui, l'Europe ; et non pas en partant des basses classes, comme jadis le christianisme ; mais en commençant par les esprits les plus cultivés qui, sous la double action de la science contemporaine et du découragement religieux, seraient pour la plupart d'ores et déjà devenus des bouddhistes sans le savoir. J'annonce à nos savants ces nouveaux apôtres.

Le bouddhisme est l'Église qui comprend le plus grand nombre de fidèles sur la surface du globe. Il lui a fallu respecter bien des superstitions locales et se mélanger de bien des croyances antérieures pour retenir sous son influence les cinq cents millions d'hommes qui le professent entre Nippon et Ceylan. Mais il entend se présenter entièrement épuré de tous ces alliages à l'Europe, dont la conquête lui donnerait l'universalité.—Il n'y a pas eu de création, partant il n'y a point de créateur; le monde, fait de matière et de force, est éternel; il n'y a point d'âme immortelle; les individus sont les incarnations passagères de formes qui sont elles-mêmes dans un perpétuel devenir : tels sont les principes essentiels d'une religion qui commence par écarter l'idée d'un Dieu créateur distinct de la création. On remarquera qu'ils embrassent à la fois le matérialisme de Büchner,

cette doctrine évolutionniste de Darwin dont
toute la science contemporaine est imprégnée,
et ce pessimisme qui a touché de son doigt des-
séché le front de tant de penseurs européens
de ce siècle-ci. Il est bon de noter en passant
que Sumangala est familier avec Comte, Büchner,
et Darwin, dont il lit les œuvres dans le texte
original; l'entrée de ce dernier dans le Nirvâna
a été célébrée par une cérémonie spéciale à la
Widyodaya-Parivena, aussitôt que sa mort a
été connue à Ceylan.

Ces coïncidences, qui vieillissent de vingt-
cinq siècles des théories nées d'hier chez nous,
sont autant de circonstances que le bouddhisme
considère comme préparatoires de son avène-
ment. Il estime qu'elles font de lui le résultat
suprême de la science deviné par Bouddha depuis des milliers d'années; fort d'une antiquité
aussi respectable et s'appuyant sur des autorités
aussi décisives, ce funèbre consolateur se flatte
de persuader l'Europe et de lui rendre, par cette
espèce de mort anticipée qu'on appelle le renon-

cement, la paix de l'âme qu'elle a perdue avec la foi.

En dépit de ce sonore nom sanscrit, la Widyodaya-Parivena est une bâtisse quelconque élevée sur des arcades par un architecte européen et barbouillée assez agréablement de blanc et de rouge; d'autres constructions de moindre importance, où logent les professeurs et les élèves, sont disséminées dans un jardin où la nature tropicale a dressé des monuments de verdure, dont nous étions heureusement, pour le quart d'heure, plus friands que de monuments de pierre. Tandis que notre compagnon allait demander la permission de nous introduire, nous nous fîmes nommer ces beaux arbres qui nous étaient inconnus et nous observâmes l'endroit. Le mur de clôture, volontairement abandonné, tombait en ruine et la grille qui avait dû défendre jadis l'entrée avait disparu; le jardin, comme un symbole des doctrines qui s'y enseignent, était ouvert à tous les passants. De jeunes bonzes, en robe jaune orange, le visage

plus blanc que les autres indigènes, allaient et
venaient; quelques-uns d'entre eux étaient tellement amaigris par les jeûnes et les macéra-
tions, et leurs jambes en étaient si bien réduites
à la peau et aux tibias, que leurs larges pieds
semblaient littéralement emmanchés d'un bâton. J'avoue que nous nous amusâmes de ces
silhouettes falotes plus que nous n'en fûmes
édifiés. Des bandes d'enfants sortis je ne sais
d'où nous entourèrent curieusement; l'ovale
régulier de leurs visages, leurs yeux largement
fendus où la blancheur de la cornée accusait
l'éclat des prunelles de jais, leurs abondants
cheveux noirs naturellement lustrés, leurs dents
rangées et brillantes à faire envie à une jolie
femme, leur teint doré de bronze neuf, l'expression de douceur de leur physionomie, leurs
gestes aisés de jeunes vagabonds élevés au grand
air, leurs rires francs et faciles, les rendaient
charmants. Les garçons étaient aussi peu couverts que possible par un morceau de cotonnade
blanche. Les filles, un peu plus vêtues, étaient

coiffées d'un cône d'indienne à fleurs, et toutes
avaient déjà la narine droite percée d'un trou
où était fixé pour le moment un grain de corail
rouge et où elles passent plus tard un grand
anneau d'or ou d'argent. Elles ont une façon
de porter les bébés trop jeunes encore pour
marcher qui est générale dans l'extrème Orient.
Elles les asseoient à cheval sur leur hanche, une
jambe sur le ventre et l'autre derrière le dos, et,
les soutenant d'une main, elles trottent avec la
plus grande agilité. Des distributions d'annas de
cuivre nous valurent plusieurs salves de hourras;
puis nos petits amis devinrent si bruyants,
que nous fûmes heureux qu'on vînt nous arracher à l'expression de leur reconnaissance en
nous annonçant que Sumangala était prêt à
nous recevoir.

Cet homme aux ambitions si hautes, avec
lequel les princes de l'extrème Orient corres-
pondent, dont tant de millions d'hommes vé-
nèrent le nom, et qui, à certains points de vue,
est une sorte de pape, nous accueillit avec la

simplicité d'un philosophe sous une modeste vérandah aux piliers de bois grossiers et aux murs lavés au lait de chaux. Ses disciples vinrent se grouper autour de nous avec une familiarité respectueuse pour recueillir les paroles qui tomberaient de sa bouche; les uns se tinrent debout, les autres s'accroupirent sur les marches de la vérandah. Ses cheveux et sa barbe grise coupés court laissaient apparaître la structure d'une tête de buste antique, massive et volontaire; il drapait son vêtement jaune de bonze à la manière d'une toge, l'épaule droite sortant nue et libre; et il était étendu, la tête accoudée, sur un de ces lits de repos que les Européens ont introduits à Ceylan et dont le style empire affecte des airs romains. Nous crûmes voir Sénèque, non celui de la légende, écrivant sur une table de bois précieux, avec un stylet d'or, un traité sur le mépris des richesses; mais Sénèque ayant mis sa conduite d'accord avec sa doctrine, et vivant heureux dans le dédain des vains plaisirs.

La conversation s'engagea immédiatement sur les principes du bouddhisme. Quand nous lui posions quelque question d'apparence captieuse, il riait, avant de répondre, du rire clair d'un homme qui a depuis longtemps triomphé de tous les arguments d'école. Il insista spécialement sur la concordance de ses doctrines avec les conclusions de la science européenne, et il se plaisait dans ses définitions à se servir des formules et des mots habituels à nos savants. Tandis qu'avec son assurance de chef d'Église, il nous disait qu'il n'y a point de créateur et que rien ne survit de nous après notre mort, je songeais que ce sont là des affirmations aussi dénuées de preuves que les affirmations contraires ; elles exigent donc également, pour être crues, la foi, c'est-à-dire ce dont notre Europe, possédée du démon de l'examen, est le moins capable actuellement. Et il me semblait que nous autres, avec notre incurable doute plein d'angoisses et de désespoirs, si nous sommes moins près de la paix intérieure, nous sommes aussi moins éloignés de la vérité. .

Sumangala nous exposa ensuite la morale bouddhiste, une des plus belles qui aient été enseignées aux hommes. Obéissance aux parents, amour des enfants, dévouement aux amis, indulgence envers les inférieurs, bienveillance envers les animaux, respect des prêtres et des gens instruits; en trois mots, tolérance, charité et fraternité universelle : telles en sont les principales recommandations. On arrive à les exécuter par l'anéantissemeut des passions et des désirs qui sont considérés comme la cause première de tous nos maux.

J'étais extrêmement curieux de savoir comment il déduisait une telle morale d'une telle philosophie, comment, d'une conception du monde où l'homme n'est plus qu'un atome aussitôt évanoui que paru, il tirait des raisons suffisantes pour le déterminer à étouffer les instincts qui le sollicitent pendant son éphémère existence. Le seul motif supérieur qu'un homme ait de faire le bien n'est-il pas, en effet, de sentir qu'il se met en accord avec l'ordre général des choses? Mais il se trouva que le seul point sur lequel j'espérais tirer un profit réel de notre entretien fut aussi celui sur lequel les réponses de Sumangala furent le moins nettes.

Le bouddhisme ordinaire, non pas celui qu'on veut prêcher en Europe, le bouddhisme ordinaire a conservé la croyance hindoue à la métempsychose; l'âme doit passer d'un corps dans un autre par une série d'existences successives. Vivre, pour le bouddhisme, étant le grand malheur, abréger cette série d'existences successives est le but que le sage bouddhiste se propose. Plus il approche de la perfection, plus la série sera courte; la perfection même l'amène au Nirvâna c'est-à-dire à l'anéantissement final au sein de la nature; il est délivré. Faire le bien, c'est donc pour lui travailler à sa délivrance, comme pour un chrétien, c'est travailler à son salut. Il va de soi que Sumangala, songeant à évangéliser les savants d'Europe, ne peut leur parler de métempsychose; on lui rirait au nez. C'est une de ces superstitions dont il débarrasse la doctrine pour la présenter à l'Europe; seulement, en renonçant à la métempsychose, il se trouve privé du même coup de la base de sa morale. Nous le pressions de questions; mais plus nous insistions, plus il était obscur. Notre introducteur, témoin de notre déception, nous dit que le grand-prêtre ne pouvait exprimer toute sa pensée devant ses disciples. Les religions de l'Inde, pareilles en cela à beaucoup de religions antiques, ont, comme les images sculptées dans leurs temples, plusieurs faces : l'une, destinée au commun du peuple, a les traits grossiers qui conviennent à des esprits ignorants; l'autre, voilée aux profanes, reproduit pour une rare élite les doctrines dans toute leur pureté.

Avant de prendre congé de nous, Sumangala nous fit remettre un petit *tract* à la façon anglaise intitulé : *A Buddhist catechism*, et rédigé par le colonel H.S. Olcott, président de la *Theosophical Society*, dans le but de mettre l'essence du bouddhisme à la portée des lecteurs

européens. Il nous annonça en même temps que
ce catéchisme venait d'être traduit en français.

———

On nous proposa encore d'aller voir Arabi,
le vaincu de l'équivoque bataille de Tell-el-Kébir,
auquel les Anglais ont donné Ceylan pour
Sainte-Hélène. N'ayant point de lettres d'intro-
duction, n'étant pas même annoncés, le respect
des infortunes historiques nous inspira quelque
scrupule. A quel titre nous présenterions-nous
à lui? S'exhibait-il donc comme une bête rare
à la curiosité du premier badaud qui frappait à
sa porte! On nous assura que l'étiquette était,
comme le costume, extrêmement simplifiée sous
le ciel de l'Inde; et nous nous laissâmes conduire.

Arabi demeure à l'extrémité de la ville indigène, qu'il nous fallut traverser dans toute sa
longueur. C'était le soir : les marchands de fruits
rentraient les bananes et les cocos pendus devant

leurs échoppes; des musulmans, accroupis sur
leur table, tournés vers La Mecque, faisaient
leur prière en frappant la planche de leur front;
les Cinghalais commençaient à s'enfermer chez
eux pour la nuit : opération d'une simplicité
patriarcale pour la plupart, car elle consiste à
remettre en place quelques pieux de la case qu'on
enlève le lendemain pour sortir; des lampes
primitives éclairaient, dans les intérieurs peuplés
de corps bronzés, une vie toute nouvelle pour
nous, dont les scènes défilaient au trot de notre
voiture comme les tableaux de la lanterne
magique. Avec les cases couvertes de tuiles
rouges, alternaient des jardins aux murs blancs,
par-dessus lesquels se balançaient les cocotiers;
des senteurs aux aromes capiteux nous faisaient deviner des parterres que nous ne pou-
vions voir.

Le cocher s'arrêta devant une grille en bois
d'aspect rustique, d'où partait une allée qui se
perdait à travers les cocotiers dans un petit parc
clos de murs. Point de sonnette; un cerf de

cette jolie espèce qu'on appelle axis, et dont le
dos roux est tacheté de blanc, faisait seul faction
auprès de la porte; il s'en vint familièrement
mordiller à travers les barreaux de la grille
l'écorce parfumée de nos bâtons de cannelier.
Au bruit que nous fîmes, un vieillard se réveilla
en toussant dans une case, de l'autre côté de la
rue. Ayant compris ce que nous désirions, il
escalada sans façon la grille avec une prestesse
qu'on n'aurait pas attendue de son âge, et, une
fois de l'autre côté, il nous invita du geste à le
suivre par le même chemin. Le souvenir de
certains articles d'un code sans doute ignoré à
Ceylan et le souci de la candeur immaculée de
nos pantalons blancs nous empêchèrent de pénétrer aussi cavalièrement dans la propriété d'au-
trui. Le vieillard disparut alors parmi les arbres
et revint bientôt avec un Arabe qui chiffonnait
sa gandoura trouée, de l'air ahuri d'un homme
qu'on vient de tirer du sommeil. Ce serviteur
nous déclara tout d'abord que le « général »
dormait. Puis, l'énonciation de nos qualités

ayant paru le troubler, il se reprit et nous dit qu'il allait voir si le « général » dormait. Il paraît que le « général » dormait décidément. Après avoir donné une menue pièce de monnaie au vieillard qui escaladait si délibérément les grilles, nous nous en retournâmes comme nous étions venus.

J'ajouterai que j'éprouvais un secret plaisir de l'issue de notre démarche. L'espèce humaine est assez fertile en désillusions pour qu'on ne recherche pas trop les occasions de la voir humiliée. Arabi est une fort médiocre figure; pourtant j'aurais été attristé de retrouver cet homme qui a été tout puissant dans le pays des Pharaons et qui a tenu l'Europe attentive, jouant les phénomènes, et répondant, comme la femme colosse, aux questions banales de quatre jeunes Français. Je l'aime mieux derrière sa grille rustique, invisible parmi ses cocotiers.

Connaît-on vraiment l'Anglais en Angleterre? Complètement, j'en doute. L'Anglais que nous apercevons dans ces stations de l'empire des Indes est sur le théâtre de sa gloire. Ce qui, dans son île, semble en lui étroit, égoïste et brutal, ici paraît légitime. Comment ne se croirait-il pas le premier dans le monde à voir qu'il y occupe la première place ? Il est le maître de deux cent cinquante millions de sujets. L'orgueil d'une aussi vaste puissance, la confiance en soi qu'elle lui donne, la hardiesse qui en est la conséquence, le sentiment qu'il est l'élu de la fortune, le droit qu'il en tire de tout sacrifier à son seul intérêt, la froide résolution avec laquelle il l'exerce, en font un des types les plus remarquables qu'ait produits l'humanité. Il est admirablement fort, et la vie est belle en lui.

La gloire, cette semence des audaces! Quand je pense que des économistes examinent gravement si l'Inde a coûté à l'Angleterre plus qu'elle ne lui a rapporté ! Lâchez vos statistiques, pauvres aveugles, car vous n'y ferez jamais entrer le plus évident quoique le plus rebelle aux chiffres des avantages de cette conquête, l'exaltation de l'âme anglaise, qui a rendu la race capable de toutes les ambitions et de toutes les entreprises.

IV

SINGAPOUR

18 janvier.

Nous avons à bord M. François Deloncle, un
jeune homme dont l'esprit décidé attire l'attention et la sympathie. Il croit à ce qu'il veut;
nulle langueur, nulle incertitude; il est plein
de projets. Il se rend à la cour de Siam pour
traiter du percement de l'isthme de Kra. Maintenant que nous sommes en face de la presqu'île
malaise, il nous explique l'entreprise.

Deux jours à gagner pour aller de l'Inde en

Chine, trois pour aller à Bangkok, la Cochinchine placée sur la route des paquebots de l'extrême Orient; cinquante kilomètres de canal entre le Pakchnam et le golfe de Siam. M. de Lesseps donne au projet l'appui de son nom. Le roi de Siam s'est engagé envers lui; il attend l'achèvement des études préparatoires pour lui donner la concession définitive.

---

21 janvier.

Quand on approche de Singapour, le détroit se rétrécit. Une forêt drue et noire s'étage sur la côte; au-dessus, dans l'air, les éventails des palmiers se découpent à jour en fine guipure. Des îlots, chargés d'arbres penchés sur les vagues qui écument à leurs pieds, s'arrondissent comme les corbeilles de verdure d'un parterre, et la mer passe autour ses bras pareils aux allées bleues d'un céleste jardin.

5.

Le navire pénètre dans un goulet étroit entre
l'île de Singapour et celle de Blakan-Mati. Un
coin du Japon, cette exquise miniature, a été
transporté là sous le soleil des tropiques. Derrière de tout petits promontoires où des vérandas
blanches se laissent voir dans les feuilles, on découvre de toutes petites criques au fond desquelles des cases indigènes regardent l'eau du haut
de leurs pilotis. Chacune a son paysage différent,
et la végétation, moins grandiose qu'à Ceylan, est
aussi plus variée. Au bout de ce passage, la rade
s'ouvre, immense, avec des lignes de navires à
l'ancre, tout noirs sur sa nappe gris d'aurore que
vaporise le soleil. Des barques arrivent remplies,
comme un éventaire, des plus belles coquilles.
Les casques rubanés de rose, les nacres qui ont
le doux éclat de la perle, les bénitiers aux côtes
rugueuses, ies cônes grivelés, les conques ma-
rines épanouies comme des calices rouges,
d'autres coquillages inconnus d'un rose de fleur
de pêcher ou d'un bleu de saphir mêlent leurs
nuances moirées, brillants joyaux tirés du fond

de la sombre mer. Sur le quai, des Malais au nez
épaté avec deux narines en trou de vrille et de
grosses mâchoires nous offrent des perroquets;
un changeur, accroupi sur un tapis à l'ombre
d'un grand parasol de papier, fait tinter des
pièces pour attirer l'attention. Le changeur est
toujours le premier personnage que l'étranger
rencontre en débarquant dans ces ports lointains.

Nous voici parmi les races jaunes. Ce sont des
Chinois qui chargent le charbon à bord du navire,
des coulis avec la queue dans le dos, la queue
maigre et courte des pauvres qui ne peuvent pas
soigner cette partie de leur toilette. Ils ont le
torse nu; la houille poudre de noir leur hui-
leuse peau jaune. Ils trottent avec une morne
régularité d'automate en s'accompagnant de cris
affreux. Leurs faces de brute font peur, et ils
boivent comme des bêtes l'eau bourbeuse d'un
tonneau planté sur le quai. Parmi eux, les fumeurs
d'opium se reconnaissent à leur maigreur de
squelette; la peau tendue comme un parchemin

ridé sur les os du crâne, le cou réduit à un paquet de muscles, les côtes saillantes comme des cercles de tonneau font songer aux acteurs des vieilles danses macabres.

—

Le palais du gouverneur qui est joli, un jardin botanique où l'on a trouvé le moyen de supprimer l'ombre, la promenade au bord de la mer sur les pelouses de laquelle on voit des Anglais en maillot jouer au lawn-tennis comme dans tous les pays où habitent les Anglais, telles sont les curiosités que vous montrent d'abord les cicerone officieux qu'un passager nouveau venu rencontre toujours à bord d'un paquebot. Mais le grand intérêt de Singapour c'est le mélange des peuples. Créée au confluent de cent races, la ville s'est peuplée de recrues fournies par chacune d'elles. Bengalis au profil aquilin et aux grands yeux de femme, Malabars bronzés aux jupons bariolés, Cinghalais au peigne

d'écaille, Malais aux traits grossiers brûlés
par le soleil et aux membres athlétiques, Chinois
en robe flottante et à longue queue, Javanais,
Battaks, Birmans, Siamois, sauvages de Suma-
tra, nègres de la presqu'île de Malacca se croisent dans les rues comme les prahos aux voiles
rouges, les lourdes jonques avec un château sur
le gaillard d'arrière et un œil peint à l'avant,
les sampans en forme de sabots, les pirogues
à balancier, les embarcations de toute sorte et
de toute provenance se croisent dans le port.

Nous vîmes deux de ces nègres, sans doute
tout frais débarqués, errer à travers la ville, et
nous les suivîmes quelque temps pour jouir de
leur étonnement. Ahuris et craintifs, ils allaient
l'œil et l'oreille aux aguets, ne pouvant se défaire de leurs précautions ordinaires, stupéfaits
d'assister à un si grand concours de foule sans
querelle et de ne pas entendre siffler les flèches
à travers les arbres des promenades.

Et, tout en les suivant, je songeais que nous
assistions à quelque chose de semblable à ce

qu'on vit dans les premiers temps de l'empire
romain, alors que, le monde connu ayant été
soumis par les armes de Rome, aux guerres incessantes qui séparaient les peuples succéda
dans l'univers une paix profonde que la reconnaissance publique appela la Paix romaine. Il
ne faut pas se reporter à bien des années en arrière pour trouver un temps où toutes ces races,
qui s'agitaient paisiblement assemblées sous nos
yeux, ne se connaissaient que pour s'être ren-
contrées sur les champs de bataille. La violence
réglait leurs rapports, les princes étaient des
chefs de bande, la haine divisait même les villages, les pirates infestaient la mer, et il n'y
avait de sûr que ce qu'assurait l'épée. L'Angleterre est venue; sur trois mille lieues de côte,
à travers des espaces plus grands que le monde
ancien, la paix règne.

Sur la mer qui berce de nouveau nos rêveries,

ce prodigieux spectacle de la foule de Singapour
me revient encore à la pensée.

Si l'on admet que, pour tout être humain, qu'il
soit blanc ou jaune, qu'il ait le nez aquilin ou
aplati, qu'il ait les cheveux lisses ou crépus,
que son cerveau soit étroit ou développé, le plus
sacré et le plus imprescriptible des droits soit
celui de disposer librement de son sort, la domination anglaise repose sur l'injustice. Elle a
été imposée, elle se maintient par la force. Cependant, mettez en comparaison, d'une part, l'état
misérable et précaire où vivaient ces peuples, et,
de l'autre, l'ordre et la sécurité dont ils jouissent; d'une part, les violations quotidiennes des
principes les plus évidents de l'équité et des
prescriptions les plus sacrées de la pitié, les
dévastations, les atrocités, les angoisses qui
pullulent dans l'incertitude du lendemain, et,
de l'autre, une loi droite et impartiale, le travail assuré de ses résultats, les jouissances de
la prospérité, et dites, vous qui êtes sincères et
qui cherchez la vérité, dites si vous ne sentirez

pas s'ébranler en vous la confiance que vous aviez dans votre conception de la justice. Auparavant, à quoi ces peuples servaient-ils pour le reste du monde ? A rien. Maintenant ils sont associés à la vie commune du globe. La domination anglaise est incontestablement plus avantageuse à la civilisation générale, à l'intérêt supérieur de l'humanité, que l'anarchie qu'elle a remplacée. Comment donc la véritable justice serait-elle en désaccord avec le progrès ?

La vérité est terrible, mais c'est la vérité. L'idée d'un droit supérieur à la force, cette idée qui nous est si chère depuis nos désastres, ce n'est que de l'opium à l'usage des vaincus. Si elle endort la douleur, elle endort aussi l'énergie en donnant à croire à l'homme que son salut ne dépend pas uniquement de lui-même. De quoi est donc fait le mortier dans le monument de l'histoire, sinon de la poussière des peuples broyés dont on ne sait même plus le nom. N'avaient ils pas de droits, ceux-là? Que devenait la justice immanente pendant qu'on les supprimait? Ah ! ne comptons que sur nous ! La nature sème ses germes ; puis, sourde aux souffrances, inexorable comme une loi, elle trie les pousses les mieux venues et rejette le reste. Elle ne reconnaît le droit d'être libre qu'à ceux qui ont la force d'être libres et le droit de vivre qu'à ceux qui ont la force de vivre. Voilà quelle est sa justice, et il n'y en a pas d'autre parmi les nations.

V

LA COCHINCHINE. — TOURANE

La haute mer est un spectacle qu'aucun peintre n'a reproduit. Ne la cherchez ni dans ces flots roux de la mer du Nord que Ruysdaël étudiait à Scheveningue, ni dans cette vague de nos côtes dont Courbet n'est jamais parvenu à rendre tout à fait les glauques et vitreuses transparences. C'est, par un temps calme, une sorte de plaine ridée et déserte, d'un ton bleu noir pareil à la lessive d'indigo, sur laquelle l'écume blanchit avec la froide tristesse de la neige ; une plaine stérile et inhumaine, étalée dans un grand silence, sous un vide de mort. Des froncements en plissent toujours la surface hargneuse, et dessous on sent que des colères couvent.

Les bonnes heures de rêverie ! Cette sombre mer vous donne le même plaisir qu'un cheval insoumis que l'on fait marcher quand même. Toi, la puissante et la monstrueuse, toi, la toujours déchaînée, c'est toi qui nous portes, nous autres moucherons. Et puis ces heures ne servent à rien, ni à personne; elles sont absolument inutiles; il semble qu'on les vole au sort qui nous condamne à agir sans que nous sachions dans quel but. Et cela est délicieux.

———

23 janvier.

Nous étions importunés de ne plus rencontrer que des pays anglais depuis Port-Saïd : assez de drapeaux rayés, assez de soldats en casque blanc! La vue du cap Saint-Jacques, en nous annonçant une terre française, amena un air de joie sur tous les visages. Oui, jeunes et vieux, nous étions plus gais.

Les montagnes du cap sont couvertes d'arbres qui perdent leurs feuilles, aussi fûmes-nous surpris de leur trouver un aspect aussi peu tropical. Ces bois dépouillés, avec leur teinte hivernale, auraient pu nous faire croire que nous n'avions pas quitté la côte brûlée de la Provence. Le paquebot les laisse à sa droite, et, remontant le Don-Naï, il entre dans la Cochinchine à laquelle les descriptions nous avaient préparé, la plate région ues rizières et des arroyos. L'imagination, quand elle se porte sur un sujet, en embrasse tous les aspects ensemble, alors que, dans la réalité, ils ne se montrent que successivement l'un après l'autre. De là vient que les spectacles sont souvent si différents de l'idée qu'on s'en fait par avance. Si l'on essayait de se figurer la Cochinchine d'après sa réputation redoutable, quelle physionomie farouche et terrifiante ne lui supposerait-on pas ? Nous nous étions amusés, en route, à dresser la liste de tous les dangers dont les conseilleurs officieux menacent le voyageur qui s'y rend, à commencer par la fièvre, le choléra, la diarrhée, les tigres, les serpents et les insolations. Nous étions arrivés à l'émouvant total de soixante-seize calamités auxquelles on nous ôtait tout espoir d'échapper et dont la moindre suffit à faire passer de vie à trépas un homme bien constitué. Je dois confesser que, si bien fourni que soit cet arsenal de mort, il n'en paraît rien. A le juger sur la mine, on acquitterait le pays, pour sa paisible et plantureuse bonhomie.

Les rizières mûres, entrecoupées de lignes de verdure et de palmiers, couvraient le sol de leurs nappes blondes. Les indigènes occupés à la moisson étaient répandus dans les champs. Le riz déjà récolté était empilé en meules auprès des villages, dont les cases jetaient des taches grises au milieu du vert des bananiers. Des buffles noirs, aux grandes cornes en croissant, vautrés dans la vase, tenaient le muffle levé dans une contemplation stupide. La rivière s'étendait tranquille comme un lac et unie comme une glace entre les pâles bordures des palétuviers, que des plantes grimpantes couvraient de fleurs blanches. Elle conduit à Saïgon par tant de sinuosités que la ville, dont l'horizontalité du terrain permet d'apercevoir de très loin les édifices, nous apparaissait tantôt sur un point, tantôt sur un autre, comme dans un mirage changeant. Les tours rouges de la cathédrale, l'élégante colonnade du palais du gouverneur, les maisons blanches, des navires qui semblaient suspendus en l'air, se démasquaient tout d'un coup derrière un bosquet, puis se cachaient derrière le bosquet suivant, pour se remontrer encore au premier tournant du fleuve.

Le caractère local est moins prononcé à Saïgon qu'à Colombo et à Singapour où les Asiatiques débordent les Européens. Les rues sont bien tracées, les maisons blanches se défendent du soleil par des arcades ou des vérandahs, la rivière est animée par les jonques qui circulent autour des navires à l'ancre. La cathédrale, lourde construction de briques, ne vaut pas les trois millions qu'elle a coûtés ; mais le palais du gouverneur avec ses colonnes annelées est le plus bel édifice que les Européens aient bâti dans les mers des Indes. M. Thomson nous y reçut avec cette affabilité qui l'a fait aimer partout où il a passé. Des achats à faire, des arrangements à prendre, occupèrent si bien notre temps que nous n'eûmes le loisir ni de bien visiter la ville, ni d'aller à Cholen ; nous pensions y revenir, y séjourner même pour voir où en était notre colonie. La maladie en décida autrement; et j'ai le chagrin d'avoir passé par la Cochinchine sans l'avoir vue.

26 janvier.

Nous sommes repartis sur l'*Ilissus* qui fait avec le *Saïgon* un service bi-mensuel entre la Cochinchine et le Tonkin.

Maintenant, nous ne perdons plus de vue la côte de l'Annam : des montagnes dont on se fatigue comme d'un écheveau qu'on ne peut débrouiller; une végétation maigre et noire; et de toutes parts ces tons terreux du sol nu qui sont d'un effet si pauvre. Parfois des blancheurs au bord de la mer nous font songer aux villes arabes de la Méditerranée; à la lorgnette, on reconnaît des falaises de sable qui s'écroulent. De loin en loin, un bouquet de palmiers, un ou deux toits écrasés auprès, quelques voiles déployées en aile de mouette au ras de l'eau, dénoncent un village de pêcheurs! Évidemment la population est clair-semée. Où sont les vallées

qui la nourriraient? La marée pousse sa ligne
d'écume jusqu'au pied des montagnes.

———

Quand nous y arrivâmes, la baie de Tourane
évoqua la même comparaison dans l'esprit de
tous les passagers : on la prendrait pour un lac
suisse. Des montagnes, aux plus hauts pics desquelles les nuages mettaient une blanche colle-
rette, l'entourent de trois côtés en projetant de
grandes ombres sur ses eaux. Le soir, ce fut
autre chose, et nous nous crûmes à Naples. Les
feux de barque des pêcheurs, qui étaient tous
allés jeter leurs filets sur le même banc, cri-
blaient la nuit d'étoiles d'or comme une grande
ville brillamment éclairée au bord de la mer.

Le commandant de l'*Ilissus*, M. Chaboud, nous
mena aux Grottes de marbre. Nous traversâmes
la baie toujours remplie de barques de pêche.

Les filets semblaient ramener du fond de l'eau trouble des panoplies dont le métal brillait à travers leurs mailles noires, et on aurait juré que les pêcheurs penchés sur ces prises mystérieuses jonglaient avec des sabres : en réalité, ils attrapaient d'étranges poissons qui ont la forme et le luisant de lames de fer étamé. Puis nous entrâmes dans la rivière sur les deux bords de laquelle les cases en bois de la ville de Tourane se cachent au milieu de jardins clos de hautes haies vives. La population fêtait son jour de l'an ; une pétarade incessante détonnait dans tous les coins, et, près de chaque habitation, une longue tige de bambou élevait vers le ciel, dépliées dans un petit panier, des prières pour se rendre les dieux propices pendant l'année qui s'ouvrait. Un Chinois d'une politesse un peu vulgaire, mais affable, empressé et gai, nous fit entrer dans sa case où d'autres Chinois vulgaires également, mais également gais et empressés, buvaient déjà du vin de riz ; il nous y offrit, en nous la faisant arroser de vin de Bordeaux et de bonne bière allemande, une collation de fruits secs, litchis, graines de pastèques, arachides, oranges confites, tranches d'écorce de limon, proprement rangés dans les compartiments en rosace d'une grande boîte laquée. Nous ne nous attendions point à entrer en relation d'une façon aussi pacifique avec les fils du Ciel. Notre hôte, ne parlant aucune langue que nous pussions comprendre, employait une mimique expressive pour témoigner son contentement de traiter des étrangers : il ne cessait de s'occuper de nous que pour allumer de temps en temps devant sa porte, une boîte de pétards qu'il regardait éclater en riant d'un rire d'enfant.

Sous un hangar, dont la grande toiture décorée nous avait frappé de loin, des affûts aux marques de Brest et de Toulon, des yoles, des vergues, des bois de toute sorte, gisaient dans un pèle-mêle poudreux, restes délaissés, pourris et vermoulus des cadeaux que nous avons faits au roi d'Annam à la suite du traité de 1874. Nous avons mis nos engins perfectionnés entre les mains de ce peuple vieillot, mais nous ne lui avons pas changé le cerveau pour lui apprendre à s'en servir. Un gardien, qui s'enfuyait effaré d'un côté quand nous passions de l'autre, surveille ces débris et cultive des patates dans la cour de ce magasin royal. Il ne survit de nos présents que deux canonnières ancrées dans la rade de Tourane, où nous sommes allés les voir plus tard. Pauvres navires déshonorés, quelle fin ! Les mandarins en ont enlevé tous les cuivres pour les vendre ; une saleté sordide les défigure : des rats avaient fait leur nid au fond d'un canon où ils avaient vécu paisibles jusqu'au moment de notre visite. Comme nous regardions leur habitation de trop près, ils s'enfuirent : cette surprise parut sans doute d'un haut comique au mandarin à figure de singe qui nous faisait les honneurs de son bord car il se tint les côtes pendant quelques secondes.

Mais revenons à Tourane où, après avoir pris congé de notre Chinois, nous continuâmes à remonter la rivière. De lourdes jonques descendaient, leurs voiles de natte arrondies sous la brise, un œil peint à l'avant qui bien souvent veille seul la nuit. Des sampans filaient d'une allure oblique pliant sous le poids d'une petite voile carrée, et, pour les tenir en équilibre, des hommes, sur une perche horizontalement plantée dans le bord opposé à celui qui penchait, étaient accroupis à six pieds de l'embarcation, balancés comme elle, se tenant par miracle sans tomber dans l'eau. De toutes petites barques marchaient à la rame, si maladroitement manœuvrées, l'air si peu pressé et faisant si peu de chemin qu'on aurait cru qu'elles n'allaient nulle part. Les chapeaux des pagayeurs et des passagers, celui des hommes en forme d'abat-jour de lampe, tombant jusque sur les épaules, celui des femmes, large comme une roue et pareil à un grand tamis retourné, faisaient la tortue les uns contre les autres, serrés et ronds comme une poussée de champignons énormes.

Au-dessus de la ville, la rivière divisée en plusieurs bras, serpente à travers des dunes de

sable clair d'une nudité saharienne. A quelques
kilomètres, surgissent de ce sable, aussi brusquement que des rochers accores, les curieuses
fantaisies naturelles que nous allions voir.
Quatre montagnes de marbre, d'un blanc légèrement lavé de bleu, isolées les unes des autres,
superposent leurs assises à de grandes hauteurs
à la façon de gigantesques ruines. Des herbes
grasses, des plantes grimpantes, des lianes, des
buissons rabougris se sont insinués dans les
interstices et, après avoir descellé les blocs, les
retiennent maintenant dans le réseau solidement accroché de leurs racines. Avec cet instinct du pittoresque qui guide tous les moines
dans le choix de leur site, des bonzes se sont
emparés du sommet de l'une d'elles où ils
entretiennent un jardin planté de figuiers. De
loin ces arbres paraissaient chargés de gros
fruits ; en approchant nous vîmes que ces
fruits n'étaient autre chose que des nids suspendus aux branches, dans lesquelles se que-
rellaient bruyamment des volées de loxias ; les

bonzes nous prièrent de ne pas faire de mal à leurs hôtes. Une grotte ouverte dans le marbre a été transformée en temple ; quatre guerriers accotés à des bêtes chimériques et traités dans le goût grotesque des Chinois en défendent l'entrée ; la voûte, tendue de plis de marbre froissés comme une somptueuse draperie, est percée d'une ouverture par laquelle on aperçoit le ciel à travers une frange de verdure. Cet antre, taillé dans la plus noble des pierres, aurait plu aux Grecs et mériterait de plus beaux dieux que des bouddhas obèses." Un autre rocher est évidé en forme de cirque où de jolis arbres croissent dans les fissures et où l'on pénètre par deux arches que la nature s'est chargée de construire. D'un côté du monastère, on aperçoit la vaste plaine de Tourane tigrée de blanc par les dunes, rayée de bleus arroyos et encadrée de montagnes ; de l'autre, on découvre la grande mer que mord de ses capricieuses indentations la côte pierreuse, sévère et déserte.

Un déjeuner sur le sable nous mit en relations

pour la première fois avec la race annamite. Les habitants du village voisin accoururent à la nouvelle de notre présence; ils firent cercle autour de nous pendant que nous mangions, les enfants nus, la peau beurre frais, une simple ficelle autour des reins; les hommes imberbes; les vieillards ridés et recroquevillés, les joues tombant dans la bouche vide de ses dents rongées par le bétel; tous chétifs et débiles, des membres grêles et le cou mince. Visiblement nous leur apparaissions comme des êtres d'une nature extraordinaire, dieux ou démons; ils nous observaient avec un sourire soumis et craintif, effarouchés au moindre geste qu'ils ne comprenaient pas et se sauvant, les vieux comme les jeunes, sans vergogne. Certaines choses les jetaient dans des étonnements profonds; un morceau de glace les amusa longtemps, ils le laissaient tomber aussitôt qu'ils l'avaient touché comme s'ils avaient craint d'avoir les doigts rôtis; puis ils le reprenaient pour le rejeter encore; les vieillards hochaient la tête avec un geste défiant. Le vin fit faire la grimace à la plupart des jeunes qui en burent, mais, cette fois, les vieillards, le gosier plus ferme, y revinrent, et, se passant doucement la main sur le ventre, ils nous exprimèrent qu'ils y prenaient plaisir. Ils s'adressaient à nous les mains et les coudes joints en plongeant la tête, et, pour un rien, ils se jettaient à genoux et frappaient la terre du front. La peur est évidemment leur état d'esprit habituel. Pauvres gens! leur servilisme inspire la compassion. Frères, c'est trop, c'est trop; relevez-vous!

VI

HAÏ-PHONG. — PREMIÈRE VUE DU TONKIN

1er février 1884.

Nous sommes arrivés ce matin à Haï-phong, juste quarante jours après avoir quitté Marseille.

Nous avions mouillé hier en face du Cua-Cam pour attendre la marée. Les eaux du golfe, teintées de rouille, clapotaient comme les eaux troubles d'une inondation. Le Tonkin était enveloppé de brumes à la façon d'un rivage du nord, et la fraîcheur de la température, qui nous avait fait remettre nos vêtements d'hiver pliés dans nos malles depuis Port-Saïd, éloignait comme un rêve depuis longtemps évanoui les tièdes souvenirs de Saïgon. Devant nous se dressait, avec ses brèches de rempart démantelé, le mur de rochers de la Cac-Ba ; à l'extrémité droite tremblaient dans le brouillard les silhouettes en forme de tours des îles Norway, sorte d'ouvrage avancé de cette immense fortification naturelle. A gauche, Do-Song projetait au milieu des flots roux son promontoire au bout duquel la petite île de Hong-Do met un point. Et, derrière, entre lui et la Cac-Ba, dans le lointain, nous apercevions, confuse et tremblée comme un dessin d'enfant, une ligne de verdure pâle qui se détachait à peine de la surface des eaux : c'étaient les premières rizières du Delta.

L'entrée du Cua-Cam a plus de caractère que celle du Don-Naï. Le paysage est d'une ampleur grandiose, et, sous le ciel sombre et chargé de pluie qui pesait sur lui, à notre arrivée, il nous fit une forte impression. Façade trompeuse de la plus plate des plaines ! Les nappes d'eau, en ouvrant d'immenses vides à la vue, donnent toujours de la solennité aux spectacles dont elles font partie. Celles qu'étalent les bras du fleuve sont continuées par les rizières. Le panorama se déroule avec des perspectives infinies, tacheté par la multitude des bois d'aréquiers des villages dont les fines aigrettes mouchettent de vert le blond tapis des moissons; animé par les grands oiseaux de mer qui remontent les embouchures et par les jonques dont les voiles carrées ont l'air de sortir de terre; prolongé dans le lointain par les montagnes de Quang-Yen que de bizarres jeux de lumières grandissent démesurément.

Une heure de rivière et l'on est à Haï-Phong. Des sampans, à la fois demeure et gagne-pain des familles qui les montent, entourent le paquebot pour descendre les passagers à terre. Nous nous glissons sous le toit rond de l'un deux pour saisir l'occasion d'examiner un intérieur tonkinois. Un petit chien de l'espèce locale, trapu comme un ours et noir comme une taupe, était posté en sentinelle sur le toit; deux poules, la plume hérissée par le temps pluvieux, se morfondaient sur un perchoir en bambou qui saillait en dehors de la barque. La famille se composait du mari et de la femme, qui ramaient l'un à l'avant et l'autre à l'arrière, et d'un bébé du plus beau jaune assis sur la natte à l'intérieur, et fort occupé à sucer le manche d'un couteau de cuisine. Nous essayâmes en vain de nous lier avec lui par ces agaceries auxquelles se prennent les enfants en Europe; sans pleurer ni rire, aussi impassible que les bouddhas accroupis dans les pagodes, il continua à sucer son manche de couteau. Le mobilier était d'une simplicité merveilleuse; une marmite bouillait à l'arrière au-dessus d'un foyer creusé dans un caillou; quelques tasses de faïence grossière étaient rangées entre deux planches sous la barre du gouvernail; un nœud de bambou servait d'étui aux petites baguettes avec lesquelles on mange; un autre nœud de fort diamètre contenait pliés et roulés, les vêtements de rechange.

Avec un grand plat où des radis blancs nageaient
dans l'eau et un jouet d'enfant, nous ne découvrîmes pas autre chose. A l'occasion du jour de
l'an, les parois étaient tapissées d'images chinoises où nous crûmes reconnaître des truies
accompagnées d'innombrables petits cochons;
mais notre interprète, plus familier que nous
avec les productions des artistes de Canton,
nous assura que c'étaient des éléphants en famille.

Au temps où M. Dupuis vint pour la première
fois au Tonkin, Haï-Phong se composait de deux
de ces cases en torchis couvertes de feuilles de
lataniers, qu'on appelle des paillottes. Le traité
de 1874 nous ayant donné le droit de nous établir sur ce point, les mandarins annamites inau-
gurèrent les procédés amicaux dont ils ne se sont
plus départis depuis, en nous choisissant avec
soin, sur la presqu'île formée par deux canaux,

le Cua-Cam et le Song-Tam-Bac, un endroit plus
propre aux évolutions d'une flottille qu'à la construction d'une ville, car l'eau y était beaucoup
plus abondante que la terre. Des mares coupées
de digues, tel était le terrain. Haï-Phong est
quand même surgi de cette solitude paludéenne.
Le génie militaire a bâti, le long du Cua-Cam,
de jolies maisons blanches décorées de briques chinoises découpées à jour, où sont logés le
résident et les divers services. Les colons qui
arrivent bâtissent par derrière dans le même
style. Sur le Song-Tam-Bac s'allonge une bourgade dont les deux rues vont sans cesse empié-
tant sur les champs auxquels elles aboutissent.
Trois ou quatre mille Tonkinois y grouillent dans
la puanteur et la saleté, sous des paillettes
qu'écrasent de leur air cossu quelques maisons
chinoises aux murs de brique et aux toits de
tuiles. D'autres logent dans les sampans amarrés
à la rive. Toujours cette population chétive,
cette mine humble de peuple piétiné à plaisir
qui nous avait frappés à Tourane. J'ai vu, en

Algérie, une race fière, toujours blessée du joug
que nous lui avons mis. On surprend souvent
dans l'expression d'un simple muletier arabe le
mépris du musulman pour le chrétien et la haine
du vaincu qui n'est point résigné. Ici, rien de
semblable : les visages ne laissent point voir
d'autres sentiments que la crainte ; ce sont des
esclaves qui sont passés aux mains d'un nouveau
maître et qui l'interrogent du regard pour deviner ce qu'ils doivent en attendre. Sourit-on, ils
sourient ; s'informe-t-on sur quelque détail qui
vous frappe dans une case, les voilà amusés
comme des écoliers et qui bavardent comme de
vieilles femmes. Race qui ignore les sentiments
profonds et dont l'esprit s'est noué pendant la
croissance. Ceux qui ont longtemps vécu parmi
eux les comparent à des enfants : ils en ont la
douceur, l'humeur superficielle et aussi les
courtes colères irraisonnées.

Les bateaux remontent de Haï-Phong à Hanoï en empruntant leur route à divers fleuves et à divers arroyos, le Song-Tam-Bac, le Lach-Tray, le Lach-Van-Uc, le Thaï-Binh, le Cua-Doc, et enfin le fleuve Rouge, le père des eaux de ce pays. Il nous fallut vingt heures de navigation pour le voyage.

Les contrées fertiles n'offrent ordinairement pas plus de matière à la description que les peuples heureux à l'histoire; l'excessive culture ruine le pittoresque parce que la main de l'homme nivelle les accidents qui varient la beauté de la terre. Le Tonkin n'échappe pas à cette monotonie que la nature avait elle-même préparée. Des bords de la mer aux montagnes qui jettent le soir leur ombre sur Hong-Hoa, à travers ce vaste triangle du Delta, que découpe, comme les mailles croisées d'un filet, le réseau des troubles arroyos du fleuve, s'étend une plaine aussi unie que la nappe paisible des eaux qui l'ont formée du limon qu'elles déposent. En quelques rares endroits, comme à la montagne de l'Éléphant, des rochers,

qui étaient des îlots lorsque le pays était encore
un golfe, se dressent solitaires au milieu de
l'immensité qui s'est solidifiée autour d'eux.
Aucun autre obstacle n'arrête l'œil plongeant
dans les profondeurs de l'horizon. Le paysage,
ayant pour base toujours la même plaine, a for-
cément toujours le même aspect. Cet aspect
étonne. Après qu'on l'a contemplé deux cents
kilomètres durant, on le trouve prodigieux.

La terre rougeâtre, grasse et luisante, s'étage
en couches épaisses sur la tranche des berges qui
croulent, trahissant ainsi le secret de sa fécon-
dité. Partout où porte le regard, les cultures
succèdent aux cultures ; aucune parcelle n'est
restée inutilisée. Chaque champ est entouré d'un
petit cordon de terre qui sert tantôt à le protéger contre les inondations tantôt à y retenir
l'eau quand le riz a besoin d'être baigné. La
plaine, rayée de ces talus, est divisée en innombrables creux comme la plaque de cuivre que
l'ouvrier prépare pour y verser l'émail. Des
digues destinées à contenir le fleuve aux hau-

les eaux, des levées qui portent les chemins, conduisant d'un village à un autre, forment les principales nervures de ce lacis sous lequel les industrieux payans ont enserré le sol nourricier. A voir qu'il n'est pas un arpent qui n'ait été remué et remanié pour être approprié à ce système agricole, on songe avec stupéfaction à l'énorme travail accumulé par les générations qui ont soumis le pays tout entier. Mais aussi quelle population ! J'ai visité les deux tiers de l'Europe, et nulle part, sauf dans notre département du Nord et dans quelques districts de la Belgique, je n'ai vu d'agglomérations aussi rapprochées. On a constamment sous les yeux douze ou quinze villages espacés à mille ou douze cents mètres, et souvent moins, les uns des autres. Les toits de tuile des pagodes aux coins relevés en pointe de sabot, les murs blancs des maisons riches aperçus à travers la verdure font quelquefois songer à une bourgade européenne.

Les centres de trois ou quatre cent cases, avec quinze cents à deux mille habitants, ne sont point rares. J'avais toujours trouvé, à part moi, fort exagérés les chiffres des habitants que l'on attribuait au Tonkin ; maintenant je suis convaincu que la vérité est du côté des totaux les plus élevés. Voilà ce qui étonne à première vue le voyageur et fait l'intérêt de ce pays plat : rien ne vous a habitué à une pareille fertilité.

Toutes les cultures sont alignées comme les légumes de nos maraîchers ; les Tonkinois ne sèment rien à la volée, sauf le riz, mais ils le repiquent ensuite. Le pays est propre, soigné, sarclé comme un jardin sans fin, au milieu duquel les bosquets des villages se dressent pareils à de luxuriants vergers. Derrière les hautes haies de bambous dont le feuillage léger a des frissons de peluche verte, croissent les plantations de mûriers nains dans les pousses dorées desquels il semble qu'on devine déjà la soie du ver qu'ils nourrissent, les aréquiers aux grêles colonnettes, les litchis énormes, chargés de thyrses fleuris en ce moment, tordant leurs membres contournés sous d'opulents dômes d'un vert poussé au noir, les forêts de bananiers dont les larges et luxueuses feuilles ont l'éclat du satin, et des arbustes de toute sorte, goyaviers, pêchers, parmi lesquels éclatent en taches sanglantes les rouges fleurs des hibiscus.

De ces haies géantes, vrais remparts contre les pirates, les paysans sortaient le matin en longue files et se répandaient dans les champs, les uns poussant devant eux leurs troupeaux, d'autres une longue houe en bois renforcée d'un morceau de fer sur l'épaule, d'autres conduisant leur charrue, car on est fort occupé en ce moment à des labours. Ces charrues légères et primitives sont traînées par un seul buffle que le laboureur conduit lui-même ; la grosse bête, avec sa mine stupide, évolue docilement au bout du sillon. La terre inondée des rizières se remue au moyen d'une sorte de herse composée de deux traverses emmanchées de longues dents de fer. Les hommes, les vêtements repliés au-dessus de la ceinture, y travaillaient plongés dans l'eau jusqu'aux cuisses, et les buffles, immergés jusqu'au ventre, n'en marchaient pas moins en ligne bien droite, remuant de leurs larges sabots la bourbe noire du fond d'où s'exhalaient sans cesse des bulles de gaz qui venaient crever à la surface autour d'eux. D'autres buffles paissaient sur les talus des digues, entourés de bandes de pies qui, prenant leur dos pour perchoir, s'occupaient obligeamment à extraire les parasites de la peau. Parfois le bambin qui les conduisait montait sur l'un d'eux pour les suivre dans les terrains inondés et voyageait familièrement mêlé aux oiseaux. Des enfants, qui restent jolis tant que les caractères de la race ne sont pas trop accusés sur leur visage, accouraient en foule au bord du fleuve pour regarder le monstre fumant qui nous emportait. Ils riaient naïvement, nous demandaient des sous, et nous saluaient à la façon annamite, en serrant les mains et les coudes l'un contre l'autre, et en les balançant de haut en bas. Des vieillards, enfants décrépits, qui avaient le même sourire innocent que leurs petits-fils, se joignaient à eux. Les laboureurs s'interrompaient un moment par curiosité à notre passage, puis se remettaient tranquillement à la besogne comme si nous avions été sur quelque fleuve de France, à quatre mille lieues de la première garnison chinoise.

VII

INSTALLATIONS A HANOÏ

L'hôtel de Hanoï où nous sommes descendus est le premier de la ville, c'est aussi le dernier, car il est seul. Et voici ce que c'est qu'un hôtel au Tonkin, pour le moment.

Des cases en fer à cheval autour d'une cour ouverte sur une mare; des cloisons en bambou, mal calfeutrées de torchis; un toit en paillotte. Entre le toit et les cloisons, un vide de cinquante centimètres fort agréable l'été, vous dit-on, pour l'air qu'il donne; mais le voyageur qui débarque en février, avec des températures nocturnes de huit degrés, trouve qu'on pense à l'été bien tôt. Des portes faites par des charpentiers indigènes qui ne connaissent pas les joints à rainures et sont incapables de serrer exactement deux planches ; des fenêtres sans vitres, closes par des volets en bois plein. Si vous voulez avoir chaud, il faut fermer les volets, et, si vous voulez voir clair, il faut les ouvrir, de sorte qu'il est impossible de voir clair et d'avoir chaud en même temps. Le sol est pavé de briques, le plus humide des pavages ; le Tonkin étant à demi aquatique, il en résulte que, pendant les saisons pluvieuses comme celle où nous entrons, la chambre est d'une moiteur constante. L'imprudent qui laisse négligemment traîner à terre une partie de sa toilette la retrouve le lendemain matin gonflée comme une éponge ; la moisissure couvre en un clin d'œil d'une abondante végétation bleuâtre les malles posées sur le carreau, et, quand vous vous étendez le soir sur votre paillasse, il vous semble que vous foulez une couche de champignons. Quelques précautions auraient raison de cet inconvénient, mais il faudrait les inventer; et j'admire combien, dans les choses les plus simples, sont rares les hommes qui ne sont pas de simples copistes et tirent quelque chose de leur propre imagination. Sale pays! répète-t-on en chœur en attendant.

Le locataire de ces chambres où s'ébattent tous les vents doit supporter des cohabitants qui ne payent aucune redevance. De petits lézards que l'on afflige du vilain nom de margouillats, vêtus de la tête à la queue d'une robe grise rayée de noir, souples et vifs, courent sur les murs. Ils justifient leur réputation d'ami de l'homme en donnant la chasse aux moustiques. Que ne sont-ils plus nombreux et les moustiques plus rares! Légers comme un souffle et insaisissables comme un rêve, tournoyant sur leurs ailes diaphanes ou se balançant sur les filaments plus ténus que des fils d'araignée qui sont leurs pattes, ceux-ci vous harcèlent sans

relâche de leurs suçoirs si bien aiguisés que
la plus fine aiguille n'est qu'une poutre auprès.
Ils fondent sur vous, sous vos regards, aux endroits les plus apparents, sans s'émouvoir du
geste que vous faites pour les écraser, en tor-
tionnaires tout à leurs fonctions, qui savent bien
qu'il y a des légions prêtes à les remplacer si on
les tue. Vous êtes désarmé devant le nombre, à
la merci de ces frêles créatures. La lutte est impossible, et, dans votre impuissance, humilié
de l'irritation où ces éphémères vous jettent,
vous crieriez volontiers comme Macbeth au spectre de Banco : « Approche sous la figure de l'ours
velu de Russie, du rhinocéros cuirassé, ou du
tigre d'Hyrcanie, prends tout autre forme que
celle-ci, et mes nerfs impassibles ne trembleront
pas. » Des moineaux encapuchonnés de roux
comme ceux d'Europe et aussi effrontés qu'eux
viennent aider les margouillats et prennent vos
poutres pour perchoirs. Un autre saurien de
plus grosse taille, affreux à voir avec la crête
charnue qui lui court sur le dos, le jecko, gîte dans

le fourré des paillottes en compagnie de rats innombrables, et de loin en loin quelque crapaud
de la mare voisine s'en vient familièrement regarder dans votre chambre comment les Européens sont faits. Avec tant de créatures, pour la
plupart desquelles la vie active ne commence
qu'après le coucher du soleil, la nuit répara-
trice, la douce reine des pavots, devient une
sorcière de sabbat. Les moustiques bourdonnent
sur un ton aigu, les margouillats s'appellent en
glapissant, les jeckos jettent le cri qui leur a
fait donner ce nom, les rats sifflent et font dans
les boiseries un vacarme de tarière enragée,
des grenouilles au gosier de saxophone se mêlent au chœur des crapauds en aboyant avec la
force d'un chien, des étalons hennissent comme
des mâles en folie, des cochons qu'un charcutier voisin égorge dans les ténèbres, protestent
contre une mort prématurée, sur laquelle
des bœufs à la voix grave semblent beugler une
plainte, et le patient qui se retourne sur sa
couche de champignons, souhaitant vainement

le sommeil, se sent des envies de crier à son tour, pour regretter, sur le diapason ambiant, les lits secs et les nuits de France.

Parlerai-je de la cuisine qui l'attend pour se refaire ? ô mon estomac, en parlerai-je? Comment des veaux innocents peuvent-ils se transformer en escalopes que l'on croirait taillées dans des tiges de bottes? Comment des poulets d'un âge encore tendre deviennent-ils si obstinément coriaces pour avoir passé par la casserole d'un cuisinier annamite?

———

Quelques jours après, nous avons pu déménager. Autre tableau.

Les pagodes sont très nombreuses à Hanoï. Sur quelques points, leurs toits hérissés de dragons se touchent, couvrant des quartiers. La plupart ne servent point à un exercice régulier du culte, ce sont des monuments dédiés à des génies, au souverain, ou à de grands personnages; quand les fondateurs meurent ou se dispersent, elles ne sont plus entretenues et se délabrent. Les écailles de faïence des dragons tombent avec le plâtre qui les retenait, les toits se défoncent, et l'édifice devient peu à peu une ruine sous les arbres plantés au moment de sa construction et qui continuent à grandir. Le terrain sur lequel est bâti Hanoï étant domaine de l'État, le gouvernement est le propriétaire de ces pagodes; avec l'autorisation du tong-doc, le résident français, M. Bonnal, nous a obligeamment fait transformer en habitation une de celles qui sont abandonnées. Nous avons des murs de brique et un toit de tuile. Foin de l'hôtel maintenant!

Le premier objet qui tombe sous nos regards à notre réveil est un grand panneau laqué portant en lettres dorées hautes d'un pied cette maxime qui n'a pas été inventée par un révolutionnaire : « L'autorité royale est le bonheur du peuple. » D'autres inscriptions, gravées en rouge sur les poutres, rappellent la date fort ancienne de la construction de la pagode et contiennent des vœux en l'honneur du souverain. Les deux portes extérieures ont aussi leurs inscriptions : « La lune bien claire, » lit-on au-dessus de l'une, et au-dessus de l'autre : « Le temps propice. » Sont-ce le nom des portes, sont-ce des souhaits? On a le choix entre les deux explications. D'après notre interprète, cela est de la poésie dans le goût chinois et fait rêver les lettrés sur les bords du fleuve Rouge. Dans la cour intérieure, sur le mur blanchi à la chaux, un tigre fantastique ouvre une énorme gueule rouge en regardant avec des yeux gros comme le poing un renard à la queue en panache peint à la détrempe comme lui.

Notre porte donne sur le petit lac qui est si gracieusement encadré dans le plan de Hanoï. C'est un spectacle charmant que d'y voir lever l'aube; il brille alors de ce doux éclat que les contes de fées appellent la couleur de ciel et dont n'approchent ni les merveilleuses nacres de Singapour ni l'orient des plus belles perles; sous les brumes qui s'évanouissent, il semble que la lumière sorte de ses eaux au lieu de s'y refléter. Un demi-sommeil, que rompent seuls les oiseaux chanteurs tôt éveillés, prolonge la paix de la nuit dans le matin. Un îlot, semblable à une corbeille de verdure dont les feuillages retombent et trempent dans le lac où ils se mirent, laisse voir à travers ses bosquets les toits ornés, la colonne blanche et le kiosque à piliers de bois de l'une des plus riches pagodes de la ville, qu'une mince passerelle de bambous plus faite pour les chèvres que pour le pied lourd de l'Européen relie à la terre ferme. Dans le lointain, un îlot plus petit porte une autre pagode en forme de pièce montée, chef d'œuvre à trois étages de quelque pâtissier chinois, fenestré d'ouvertures ogivales fort inattendues en pareil lieu. En suivant les bords du lac, l'œil se promène sur des bandes de gazon du vert le plus vigoureux, des buissons de bambous dont les grêles frondaisons se découpent sur le ciel avec des finesses de guipure, des arbres d'essences variées au milieu desquels se distinguent des cocotiers qui, étonnés de se rencontrer si loin de la mer, se regardent mélancoliquement dans l'eau, des mangliers et des litchis qui élèvent par-dessus toutes les autres masses vertes leurs grosses têtes sombres. Par les percées de ce rideau apparaissent, dans le rose sourire du matin, les blancs pignons des maisons dont un curieux ornement en profil de chapeau termine l'angle, les toits de tuiles rouges rehaussés de bordures au lait de chaux, de nombreuses pagodes reconnaissables à leurs lignes gondolées et aux ornements de leurs arêtes, un linga, souvenir des cultes priapesques de l'Inde, qui dresse sur un haut obélisque son innommable symbole. On a l'impression d'une grande ville, et rien dans cet aspect extérieur n'avertit des misères que révèle une promenade dans les rues.

Bientôt des habitants se montrent, un brouhaha confus, premier murmure de la population, monte par-dessus Hanoï; des ouvriers passent, leur outil sur l'épaule; des femmes viennent au lac laver leurs légumes ou rincer leur vaisselle. Elles ne s'installent pas sur le bord, comme on ferait en Europe ; elles entrent dans l'eau jusqu'au genou, ou bien elles gagnent une planche amarrée à quelques pas de la rive, et là, comme sur un radeau, acccroupies sur leurs talons, elles vaquent à leurs travaux.

———

Puis, nos gens arrivent les uns après les autres.

Nous aurions voulu les faire coucher dans notre pagode, mais ils ont tous un ménage en ville et refusent de s'enfermer la nuit.

Voici en premier lieu le principal personnage de la bande, l'interprète Khoa, un Annamite de la Cochinchine. Sa face jaune présente les caractères de sa race qui s'éloignent le plus de notre idéal, le front bombé, les yeux bridés, le nez camard aux narines renflées, une bouche démesurément fendue. Il s'est fait couvrir les dents de laque noire pour s'embellir. Sa physionomie a la double expression qui distingue les hommes intelligents que nous voyons ici, qu'ils soient Annamites ou Chinois, à savoir la ruse et le contentement sensuel. Ces gens ne connaissent évidemment pas l'ennui, j'entends par là ce sentiment dont Léopardi disait : « L'ennui est en quelque sorte le plus sublime des sentiments humains; sentir que notre âme et nos désirs sont plus grands que l'univers et en souffrir, c'est le principal signe de grandeur et de noblesse que présente la nature humaine. » Le propre de l'âme européenne est d'être insatiable et de ne pouvoir trouver de repos; nous ne concevons point une intelligence supérieure sans les inquiétudes de la pensée et les souffrances qui les suivent. On ne découvre point trace de ces tourments sur les figures jaunes; leur civilisation, dirigée uniquement vers la recherche du bien-être, limite leur bonheur à des satisfactions qu'il est aisé de se procurer. Aussi ces jouisseurs, savourant sans arrière-pensée leurs voluptés grossières, ont-ils tous dans la mine je ne sais quoi de vulgaire et de bas qui fait mal à voir.

Notre Khoa ne quitte jamais un large parapluie qu'il ouvre en toute occasion; c'est un insigne annonçant de loin un homme qui n'est point du commun. Quand on l'approche, une grosse bague de jade vert passée à l'annulaire appelle l'attention sur sa main; ses ongles, qui ont dix centimètres de long et qu'il soigne avec plus d'amour-propre qu'une jolie femme, révèlent en lui le lettré. Il porte en turban un crépon de soie rouge qui laisse poindre le dos d'un peigne de prix en écaille enrichie d'argent; sa robe noire de fine soie de Chine est brochée de chrysantèmes de satin, et ses élégantes bottines à l'européenne ont des pointes vernies. Il sait bien le français, qu'il a appris au collége d'A-dran, à Saïgon, et assez bien le chinois des trois dialectes du Fokien, de Canton et du Yunnan. Il est fertile en histoires de toute sorte. Tantôt, pour nous flatter, il nous raconte qu'il se propose de vivre désormais à la française; tantôt, pour nous éblouir, qu'il est marchand de soie et qu'il profite du voyage pour nouer des relations commerciales entre le Tonkin et la Cochinchine. Si nous l'écoutons complaisamment, il nous vole de moitié sur les achats qu'il fait pour notre compte. S'il nous voit fâchés, il ne nous vole plus que d'un quart en criant bien haut contre la filouterie naturelle des Tonkinois. Nous étions prévenus; il ne s'agit pas de n'être pas volé, c'est impossible : il s'agit d'être volé dans la mesure que l'usage tolère. Beaucoup de Français sont très malheureux pour ne pas se rendre compte de l'inconséquence dans laquelle ils tombent quand ils s'exaspèrent de ce que les Annamites ne les comprennent point, alors qu'eux-mêmes ne veulent point comprendre les Annamites. N'attendons du prunier que des prunes, et tout ira bien.

Vient ensuite, par ordre d'importance, le cuisinier Ta, qui est aussi un gentleman à parapluie et à bottines vernies. Il est imposant à voir marcher dans la rue avec sa gravité de bedeau en procession. Son honneur ne lui permet point de porter le panier de bambou dans lequel il met les provisions qu'il achète au marché; il entretient à son service particulier un boy qu'il paye, et ce boy pour se faire aider est lui-même suivi d'un petit sous-boy qui consent à trotter toute la journée pour rien, pour apprendre le métier, et aussi pour la gloire de servir de seconde main un dignitaire aussi considérable que notre cuisinier. La domesticité en Annam est ainsi une chaîne dont il est difficile de trouver la fin.

Ta nous a donné pour serviteurs son cousin Aïe, qui soigne les chevaux, et Déan, qui est chargé de l'appartement; chacun d'eux a également son sous-boy, qui le sert gratuitement ou à peu près et qui amène des camarades. Quand il nous arrive d'entrer dans la cuisine, c'est une levée de jeunes têtes rasées, aux yeux effarés, parmi lesquelles il y a toujours quelques visages nouveaux.

Tout ce monde besogne toute la journée et fait

peu de travail; ils sont maladroits aux choses
que nous leur demandons et ne savent pas se
servir de nos outils. Ils frottent la même paire
de bottes pendant une demi-heure sans relâche,
et, au bout de ce temps, elle est naturellement
mal cirée. La main-d'œuvre est à très bon
marché, mais elle est aussi de mauvaise qualité.
Adresse-t-on une observation à Dean, il est
aussitôt saisi d'une attaque de coliques à fendre
l'âme, il se tord, il se tient le ventre avec les
mains, il reste abattu, la tête sur son coude; ne
fait-on plus attention à lui, il se guérit subitement et reprend ses occupations.

Ce sont des enfants qui ignorent ce qui constitue pour nous la dignité personnelle; avec
cela, très rusés et très fins : après deux jours
qu'ils vous approchent, ils devinent déjà vos
faibles et les exploitent.

VIII

SONTAY — UNE RECONNAISSANCE SUR LA RIVIÈRE NOIRE

13 février.

Lu-Vinh-Phuoc, chassé de Sontay le 16 décembre, s'était retiré à Hong-Hoa. De là, il remplissait le voisinage de ses fanfaronnades chinoises, annonçant qu'il allait venir nous attaquer à son tour dans son ancienne résidence et nous rejeter sur Hanoï. Deux bataillons sous les ordres du commandant Coronnat furent chargés de battre le pays jusqu'à la rivière Noire pour montrer nos uniformes aux habitants effrayés. On nous donna l'autorisation de suivre la reconnaissance.

Du haut de son mirador, tour hexagone grêle comme un minaret arabe, érigée au milieu de la citadelle, on découvre Sontay et le pays environnant ainsi que sur un plan déroulé. En même temps qu'on en voit les détails, on en lit pour ainsi dire l'histoire. La citadelle a été construite à deux kilomètres du fleuve, à une époque où probablement aucun village n'existait auprès. La pagode royale, brillante de dorures et de laques rouges, en occupe le centre; de vastes bassins carrés, où les éléphants de Lu-Vinh-Phuoc allaient boire, l'avoisinent; d'immenses magasins, où nous avons trouvé, entassés, six mille mètres cubes de riz, entourent le tout. Quatre portes, surmontées de kiosques chinois à deux étages, aux toits recourbés, livrent passage à quatre routes qui se dirigent la première vers le nord, menant au fleuve; la seconde, vers l'ouest allant à Hong-Hoa; les deux autres, vers le sud.

8.

Il n'y en a point à l'est, mais l'une de ces dernières s'infléchit dans cette direction et conduit à Hanoï. Sur les glacis, à l'extérieur, s'alignent de gros bâtiments qui servaient de casernes. Et derrière eux, à l'abri de cet appareil militaire, des maisons s'étaient groupées le long des quatre routes formant autant de villages rayonnant en étoile du pied de la citadelle. Celui de l'ouest et celui du nord étaient devenus avec le temps de véritables petites villes prolongées jusqu'au bord du fleuve.

La citadelle est aujourd'hui pleine du bruit et du mouvement de la garnison; mais la ville proprement dite, ces quartiers où les balafres de la guerre sont encore toutes fraîches, restent aussi mornes qu'au lendemain de l'assaut; nous y avons erré quelques heures à respirer la tristesse des ruines. Les toits défoncés par les obus, les murs éventrés, bâillent par de béants trous noirs; les maisons, que personne n'a ouvertes à l'étranger, ferment leurs portes avec une obstination farouche; un silence de mort pèse dans

les rues ; il semble qu'on y sente encore l'hostilité de ceux qui les peuplaient. La partie du village nord, entre la seconde enceinte et le fleuve,
a été complètement détruite ; les bassins cimentés
où l'on recueillait l'eau du ciel témoignent seuls
de l'emplacement où furent des habitations ; les
briques mêmes ont été enlevées pour construire
deux blockhaus, dont les tours rouges dominent
cette plaine si bien rasée qu'on pourrait, suivant l'usage antique, y semer du sel.

La grande pagode de Phu-Gni, qui s'élevait
près de là, n'est plus qu'un monceau de
décombres ; les tables des offrandes laquées de
rouge et rechampies d'or, les panneaux couverts
d'inscriptions, les boiseries ouvragées broyées
sous le talon des soldats, gisent mêlés aux
briques des murailles. Une sorte de charnier
de dieux était amoncelé dans une cour où les
débris des statues de bois de la pagode avaient
été jetés. Au milieu des membres rompus et des
troncs mutilés, nous retrouvâmes intacte la tête
du Bouddha, éclairée de cet ineffable sourire de

détachement que les sculpteurs indous ont inventé; et cette vue nous fit faire un retour sur ces doctrines qu'on nous avait enseignées à Ceylan. Quelle chose chétive et insignifiante dans la mâchoire du néant que l'individu au milieu de ces grandes catastrophes! Notre établissement au Tonkin sera certainement marqué comme un progrès au bilan de l'humanité, et le malheur des pauvres gens dont nous inspections les demeures à demi détruites est le prix de cette transformation. Mais qui leur tiendra compte de leurs souffrances? Ils ont passé obscurément sous la meule du destin et personne ne les a même entendus crier.

Le mauvais temps nous fit cortège pendant toute la durée de la reconnaissance. La vraiment belle saison est déjà passée en février. Des brouillards arrivent qui crèvent en fines ondées et annoncent que les grandes pluies approchent.

Le matin, le paysage était à demi noyé dans d'é-
paisses vapeurs argentées sous lesquelles fris-
sonnaient les rizières transies. Puis la brume se
résolvait en eau et son rideau devenait si opaque, que nous marchions comme des fantômes
au milieu d'une impénétrable nuée. Enfin, vers
midi, le soleil triomphait à demi, et ses lourds
rayons, tombant par une trouée du ciel, nous
semblaient d'autant plus brutaux que la matinée avait été plus fraîche.

Oh! les pénibles marches, par ce temps, sur
ces digues où il est rare que plus de deux hommes puissent passer de front, avec la rizière à
droite et à gauche inondée d'un pied d'eau.
Le sol du Tonkin est une argile compacte : la
pluie ne le pénètre pas, elle glisse dessus, n'enta-
mant qu'une mince couche qui se transforme
en une grasse boue liquide. Ce vernis, qui s'é-
tale sous le pied sur la glaise restée dure, est
plus perfide que nos verglas d'hiver; si l'on
perd l'équilibre, il n'offre plus de prise, et le
soldat, entraîné par les vingt-cinq kilos dont il

est chargé, s'abat comme un fardeau qu'on jette brusquement par terre. Les officiers ont renoncé au sabre qui s'embarrassait dans leurs jambes, ils s'appuient sur un bâton ferré d'une pointe de lance.

On place toujours dans l'avant-garde des tirailleurs annamites et des volontaires tonkinois, plus propres que les soldats français au service d'éclaireurs dans ce pays. Les premiers s'appellent en annamite linh-tap, « soldats exercés », et les seconds linh-mô, « soldat gardiens ». Les tirailleurs ont la tournure correcte d'une troupe depuis longtemps formée. Leur uniforme ne laisse pas que d'être inattendu dans notre armée. Ils conservent leur coiffure nationale, les cheveux longs roulés en chignon sur le sommet de la tête et retenus par un peigne d'écaille aux arêtes montées en argent. Ils mettent par là-dessus un petit chapeau rond, presque plat, fait de bambou verni et orné à la mandarine d'un bouton de cuivre ; ils en nouent les brides rouges sous leur chignon, de sorte que les bouts leur pendent dans le dos à la façon des « suivez-moi, jeune homme » que les Parisiennes ont quelque temps portés. De leur veste bleu marine s'échappe, par-devant, l'extrémité d'une large ceinture rouge, et leur pantalon de soie noire est ample comme une jupe, à la mode annamite. Le sac est remplacé par une musette très longue passée en sautoir par-dessus la couverture roulée. Leur coiffure, leur visage glabre, leurs membres grêles, leur petite taille, cette ceinture et ce semblant de jupon font hésiter un moment un œil occidental sur leur sexe. « Ça pas soldats, ça femmes ! » disaient les turcos avant de les avoir vu aller à l'assaut à Sontay.

Les volontaires tonkinois, rapidement levés, ont été pourvus à la hâte d'un costume provisoire. Cela se voit; il y a des honnêtes gens mieux vêtus. Un chapeau conique dont la pointe est peinte aux couleurs tricolores, une blouse et un pantalon de toile bleue, élimée et blanchie par l'usure, un numéro de compagnie cousu sur la poitrine, une ceinture verte, et c'est toute leur garde-robe. Ils ne sont point chaussés, ce qui est sérieusement un grand avantage dans une contrée où il faut se mettre à l'eau dès qu'on quitte les digues. Tout ce monde, armé de mousquetons, se bat, et assez bien, pour un pays qu'ils ne verront jamais et pour une cause qu'ils ne comprennent point, condottieri attirés par la paye, manœuvres inconscients de l'histoire, entraînés par des officiers intrépides qui les dominent en leur donnant l'exemple du mépris du danger.

———

Vu de près, dans le détail, pendant ces quatre jours de course, le pays n'a fait que confirmer l'impression d'étonnement du premier aspect. Point varié, toujours la même plaine avec les mêmes rizières et les mêmes villages cachés dans un bois d'aréquiers, mais combien fertile ! Les merveilles trop vantées, dit-on, de l'agriculture chinoise y sont vraiment réalisées. Il ne s'y trouve pas une motte de terre qui ne soit, de par la volonté du laboureur, dans la place qu'elle occupe. La plupart de leurs récoltes demandant à être inondées pendant une période de la croissance, les industrieux Tonkinois ont remanié complètement la surface du sol pour obtenir partout des surfaces parfaitement horizontales, où l'eau puisse s'étaler à d'égales profondeurs. Si peu que le terrain ondule, ces surfaces horizontales bordées de talus s'étagent les unes au dessus des autres à la façon des courbes d'un plan en relief quand les intervalles ne sont pas encore remplis de stuc. Les rizières dominent, étendant d'immenses nappes que les vents remuent comme une mer verte. Le coton, cultivé en grand, les arachides, le maïs, auquel sont mêlés des haricots, commencent à naître. Des champs sont relevés en billons sur lesquels courent les tiges rampantes des patates, ou s'épanouissent les belles feuilles peltées des taros. Près des villages, d'épais fourrés de cannes à sucre font le damier avec des carrés de mûriers nains et des plantations d'un thé particulier, le thé de Sontay, que les indigènes boivent vert, comme au Japon. Certaines cultures sont fumées avec grand soin et disparaissent sous une couche de paille de riz pourrie. Ce qu'on raconte de la diligence des Chinois à recueillir les engrais se voit ici ; nous croisions trop souvent des paysans portant dans des paniers des choses dont l'odeur incommode réclamerait des vases mieux clos.

Les villages sont tous entourés d'un double système de défense, une digue contre l'inondation, une haie de bambous contre les pirates. Hélas! pauvres gens! nous trouvions pendus aux branches des arbres, près des portes, des filets de rotins remplis de cailloux ; c'est avec ces projectiles antédiluviens et quelques lances qu'ils essayent de défendre leurs biens contre les pillards ; un veilleur fait sentinelle sur un arbre élevé, auquel on monte par une échelle ; et, à la première alerte, ils se barricadent derrière leurs bambous.

Nous parcourions une région où l'on ne nous connaissait pas encore et où nous n'inspirions pas plus de sympathie que les Pavillons noirs, lesquels vivent aux dépens de la population et incendient les villages qui leur résistent. Les portes se fermaient devant nous; quand nous entrions d'un côté, les habitants fuyaient de l'autre, et nous ne trouvions plus que des ruelles désertes où l'avant-garde pénétrait avec ce petit serrement de cœur que cause le silence, gros de mystère et de désolation. Les paysans se réfugiaient dans les rizières, et là, serrés par groupes les uns contre les autres comme un troupeau qui essuie un orage, accroupis, immobiles sur leurs talons, ils considéraient pendant de longues heures les étrangers qui envahissaient leurs pénates. Les chiens, partis avec eux, comprenant que quelque événement extraordinaire se produisait et que leur rôle de gardiens était fini, allaient et venaient dans un état d'agitation extrême, et poussaient des reconnaissances jusqu'auprès de nos avant-postes;

puis subitement ils se sauvaient la queue entre les jambes, sans aboyer, rendus muets eux-mêmes par la terreur de leurs maîtres. A la longue, sur nos allures pacifiques, quelques fugitifs rentraient furtivement; ils rasaient les haies en tremblant, pâles sous le bistre de leur peau et suant la peur; leur sort est si rempli de surprises et d'obscurités, que la confiance germe difficilement en eux. Châtiés par les Pavillons noirs s'ils nous servent; châtiés par nous s'ils servent les Pavillons noirs; ne pouvant rester neutres; triste chair à canon de cette guerre, quelque conduite qu'ils adoptent ils se sentent menacés et vivent dans l'angoisse. Oh! c'est pour eux surtout qu'il faudrait promptement terminer la campagne. Quel bienfait leur sera la sécurité!

—

Parfois, comptant sur le respect dont on les entoure, les vieillards d'un village attendaient la colonne et venaient offrir au commandant de modestes présents, des œufs et des bananes sur un plateau de bois, ou deux poulets. Si le commandant s'arrêtait pour les interroger, aussitôt ils se prosternaient avec toutes les formes serviles du cérémonial annamite, et si, souffrant de les voir plier leurs vieux membres dans ces postures humiliantes, le commandant les invitait à se dispenser de ces hommages, frappés de crainte et redoutant d'avoir déplu, ils les recommençaient avec plus de servilité encore.

La vieillesse n'a rien chez eux de ce qui en fait à nos yeux la beauté propre, ni l'air vénérable où se reflète la sagesse acquise, ni la dignité de manières que donne une vie bien remplie. A mesure qu'ils avancent en âge, le visage des Annamites intelligents revêt l'expression d'astuce d'un être qui a beaucoup rusé pour vivre. Les rides creusées comme au ciseau dans de l'ivoire jaune déforment leurs traits déjà si éloignés de notre idéal et les tournent à la caricature. Les personnages des dessins chinois,

que nous considérons comme des fantaisies gro-
tesques, ne sont évidemment que des copies
assez réalistes des modèles que les artistes ont
sous les yeux. Je reconnaissais, pour les avoir vus
souvent reproduits à l'encre de Chine sur le papier de riz, ou brodés sur la soie, ou sculptés
dans le bois des meubles précieux, ces fronts dépouillés et ronds, ces nez épatés dont les narines retroussent des paquets de plis, ces mous-
taches de chat qui sortent comme un pinceau
de poils hérissés du coin des lèvres, ces barbi-
ches clairsemées qui pendent en longs filaments
sous le menton.

———

Les habitations des plus riches sont en briques recouvertes de tuiles, d'autres en pisé ;
les pauvres ont des cases au toit de paillotte, aux
cloisons de bambous plaquées de torchis. Le mobilier est le même dans les unes et les autres,
et le luxe, sous quelque forme qu'on puisse

l'entendre, en est absent; un gouvernement pour lequel la rapacité des fonctionnaires était un principe obligeait la richesse à se cacher pour ne point attirer les exactions. Un tong-doc de province, que, par analogie avec les institutions chinoises, nous qualifions quelquefois de vice-roi, touche officiellement quinze cents francs par an; il en dépense réellement cinquante mille; le peuple paye la différence, et, nul ne se souciant de payer plus que le voisin, personne n'affiche sa fortune. Les vêtements, même dans les hautes classes, sont d'une extrême simplicité, de couleur sombre, sans ornement. Les robes de dessous, celles qu'on ne voit point, sont les plus jolies. Le goût artistique s'est réfugié dans les pagodes, que protège leur caractère sacré. Des dragons convulsivement crispés et plus hérissés de barbes, d'arêtes, d'aiguillons et de piquants qu'un monstre marin, tordent sur le faîte et sur les bords recourbés de leurs grands toits rouges des corps écaillés de tessons de faïence bleue et rehaussés de couleurs vives, ce qui donne de loin des aspects décoratifs d'une agréable baroquerie. Il n'est point de village qui n'en ait plusieurs et souvent de meilleure mine que nos églises de campagne. Les soldats qui se contentent d'indications sommaires les croient toutes dédiées à Bouddha; en réalité, la plupart le sont au souverain, à des personnages illustres, au génie dont est pourvu chaque lieu, à d'autres génies d'une importance plus générale. Les plus belles sont entourées d'un mur percé d'une porte monumentale accompagnée de deux, de quatre et de six colonnes portant en guise de chapiteaux des espèces de lanternes aux profils broussailleux comme le dos des dragons. Des bas-reliefs, modelés en stuc, représentent tantôt d'un côté un cheval harnaché et de l'autre un éléphant chargé de son palanquin, tantôt des guerriers d'une physionomie assez rébarbative pour intimider les âmes qui n'approchent point avec des desseins pieux.

Au fond d'une cour spacieuse s'élèvent des hangars, bâtiments publics qui servent à la fois d'entrepôts et de lieux de réunion; et, derrière ces hangars, la pagode proprement dite. L'autel, laqué de rouge, est sculpté à jour et les principaux ornements sont relevés d'or; dans les temples dédiés au souverain, il est flanqué de deux grues tenant une fleur de lotus dans le bec et posées sur des tortues. La grue passe pour vivre mlile ans et la tortue dix mille : c'est la traduction, sous une forme sensible, du souhait de longévité adressé au roi. Devant l'autel se carre, longue et large, une table des offrandes très basse, décorée dans le même goût, laque rouge et dorure sur les nervures. Des planches laquées, sur lesquels se détachent des sentences, pendent le long des colonnes de bois, au-dessous des consoles qui supportent des statuettes, dieux en contemplation, saints accroupis, personnages à cheval, singulièrement ressemblants à l'imagerie catholique. L'extrémité des poutres sous l'avant-toit est fouillée en plein bois d'après ces motifs chinois où les animaux chimériques et les feuillages s'entrelacent dans un fouillis inextricable pour un œil étranger. Sur une plaque de marbre maçonnée dans le mur, sont gravés le texte du décret qui a autorisé l'érection de la pagode et les noms des fondateurs qui en ont fait les frais. Un magasin, caché derrière l'autel comme une sacristie, contient les accessoires des cérémonies, le palanquin aux brancards terminés en têtes de monstres, les sabres et les lances de bois qui figurent dans les processions, les chandeliers, les vases, les tabourets, le tout invariablement laqué et orné de dorures, même les sabres et les lances, dont les lames imitent l'acier à s'y méprendre. Des figuiers banians aux multiples troncs en arceaux, des manguiers, des litchis, des pins à l'écorce argentée poussent librement sur la terre sacrée des lieux saints, et, respectés de tous, deviennent énormes avec les années.

———

Les deux premiers jours de marche ont conduit la reconnaissance au bord de la rivière

Noire; le pays ressemblait d'abord en tout à la plaine du Delta dont il est la continuation; puis aux approches de la rivière il s'est mouvementé. De petits tertres soulèvent la surface jusqu'alors plane du sol; leurs pentes étant trop rapides pour être étagées en rizière, les paysans, dans leur ignorance des cultures en terre sèche, les abandonnent aux bois, au milieu de la verdure touffue desquels les murs crépis des pagodes mettent une tache blanche.

Le nom de la rivière Noire est l'expression d'une réalité. De même que le fleuve Rouge doit à la glaise au milieu de laquelle il trace son lit des eaux éternellement rousses, la rivière Noire emprunte aux terrains sur lesquels elle roule une teinte ardoise très marquée.

A une journée au delà commence la région montagneuse dont les sommets dentelés, couverts d'un vêtement multicolore par de sombres forêts et par des brousses jaunies, se découpent sur l'horizon avec une grande variété de silhouettes.

Je ne me hasarde à donner aucun des noms locaux que nous indiquaient les indigènes, parce que je ne suis pas sûr de les transcrire exactement. L'alphabet dont nous sommes justement fiers est un instrument fort imparfait; les noms de la langue annamite refusent de se laisser emprisonner dans le système trop simple de nos lettres. Nos oreilles mêmes sont peu aptes à les percevoir. Trois personnes entendant prononcer le même nom le répètent de bonne foi de trois façons différentes, tant ces vocables exprimés par des bouches qu'a rongées et tuméfiées le bétel ont des contours peu précis pour nous.

Les deux derniers jours, la reconnaissance a suivi constamment la grande digue qui côtoie d'abord la rivière Noire et ensuite le fleuve Rouge jusqu'à Sontay. Les villages s'y serrent les uns contre les autres. A travers les haies de bambous s'ouvrent de jolies échappées sur les jardins, où les concombres, les courges et le bétel mêlent leurs lianes aux rameaux des arbres fruitiers. Les oiseaux pullulent, échassiers et palmipèdes dans les rizières, oiseaux jaseurs dans les vergers, pies criardes, corbeaux à collier blanc plus criards encore, oiseaux de proie au lourd vol, martins-pêcheurs habillés de pierreries et filant comme des flèches étincelantes. L'eau étale de tous côtés ses miroirs où le paysage se répète à l'envers; le large fleuve, des étangs qui ressemblent à d'autres fleuves, des rizières nouvellement ensemencées et découpées dans leurs rebords de terre comme des glaces dans leur cadre, sont autant de réflecteurs où la réalité contemple rêveusement son image. On a deux ciels, un au-dessus de la tête et l'autre sous les pieds, aussi profond que le premier; les villages sont assis sur des villages renversés la pointe des toits en bas; les arbres dressés en l'air sont comme greffés sur d'autres arbres semblables plongés dans l'eau et la digue qui vous porte, solide au milieu de toutes ces transparences, semble suspendue à travers les abimes aériens.

IX

HANOÏ

La ville de Hanoï a été la capitale de l'empire
annamite pendant onze siècles, du septième, où
elle a été construite, à la fin du dix-huitième, où
elle a été dépossédée par la révolution qui a fait
passer le pouvoir de la dynastie des Lé à celle des
Nguyen et transféré la suprématie à Hué. Les
princes qui s'y sont succédé pendant une si
longue période de splendeur n'y ont point con-
sacré leur souvenir par de grands monuments;
j'y ai vainement cherché des traces des palais

royaux. L'architecture chinoise, que les Annamites ont imitée, bâtit en général d'une façon peu durable; elle élève rarement étage sur étage d'imposants édifices; elle se plaît au contraire à s'étendre en largeur; elle multiplie les kiosques où elle emploie de préférence le bois, matière essentiellement périssable, et qu'elle disperse à travers les frais ombrages et les pièces d'eau des jardins. Cela dure autant que la prospérité du maître; vienne l'abandon, et tout disparaît sans même laisser une ruine.

La ville, serrée entre le fleuve Rouge et la citadelle, affecte la forme d'un triangle dont le grand côté tourné vers la rivière a trois kilomètres, tandis que les deux autres en ont deux et demi. Elle a donc environ huit kilomètres de tour, ce qui est une dimension déjà peu ordinaire pour une enceinte; il est probable que le chiffre de cent mille âmes qu'on lui assignait avant que la peur en chassât la population, était fort au-dessous de la vérité. Aujourd'hui que les ravages de la guerre ont livré aux herbes sauvages des rues entières et que les habitants commencent à peine à rentrer, peut-être est-il encore atteint, tant les maisons sont serrées en quelques quartiers et les rues grouillantes à certaines heures du jour.

———

Quand on arrive par le fleuve, on descend sur la berge en face de la concession que nous accorda le traité de 1874. On peut commencer par là la visite de la ville. Un carré de trois cents mètres de long sur cent cinquante de large, fermé par une palanque en solides troncs d'arbres et traversé par une rue unique, représente cette concession où, il y a quelques mois encore, s'enfermaient chaque soir les rares Français de Hanoï; la nuit venue, il aurait été imprudent d'aventurer sa tête au dehors. De grandes bâtisses sans caractère, entourées de petits jardins fleuris, logent les généraux, les chefs des principaux services de l'administration militaire et civile, les services eux-mêmes et leurs bureaux, lesquels ont écarté d'autour d'eux toutes les installations privées ; la concession est maintenant un quartier exclusivement officiel.

Derrière, à l'abri de la grande digue qui longe le fleuve, se cache, dans un pli de terrain, le cimetière européen, clos d'un mur de briques chinoises découpées à jour. Qu'il est particulièrement funèbre et comme il serre le cœur, le cimetière à quatre mille lieues du pays natal ! Si quelque chose survit de nous après la mort, comme cette terre lointaine dut paraître froide à celui qui descendit là dans la première fosse, et comme l'isolement dut lui peser ! La pieuse invitation : Priez pour lui, s'adressait à des passants qui ne la comprenaient point. Aujourd'hui ils sont assez de morts pour former un petit monde et pour s'entretenir des choses qui leur

ont plu quand leur cœur battait. La plus ancienne des inscriptions remonte à 1876 ; beaucoup de croix de bois dévernies par la pluie ont
déjà perdu la leur, des croix mêmes ont disparu, et les tombes muettes ne savent plus dire
les noms de ceux qu'elles contiennent. Peut-être
personne ne se les rappelle-t-il plus et sont-ils
effacés des mémoires comme des épitaphes.
Soldats ou employés, victimes du devoir, leur
souvenir est oublié, leurs os sont retournés à la
poussière, et il ne reste plus d'eux que la petite
part anonyme qu'ils ont prise aux destinées de
la patrie. L'affaire de Sontay a fait déborder
le cimetière hors de son mur ; on a entamé
un champs de maïs voisin pour donner un dernier asile aux blessés qu'on n'a pu guérir. Plus
d'un se promène maintenant dans Hanoï, les
lèvres rouges du sang vermeil de la jeunesse, qui
viendra dans quelques jours, après Bac-Ninh,
rétrécir encore le champ de maïs. Heureusement personne ne s'arrête à cette pensée. Il faudrait trop de courage au soldat si son imagina-

tion lui représentait sans cesse quel enjeu il engage dans la bataille.

———

De la concession part, dans la direction de la citadelle, la rue des Incrusteurs, aujourd'hui large comme un boulevard. Si on la suit, on rencontre successivement sur la gauche la Sapèquerie et le Camp des lettrés, que l'autorité militaire a transformés en caserne. C'est à la Sapèquerie, comme son nom l'indique, que se fabriquait, avec un mélange de zinc et de terre, l'incommode monnaie dont nous aurons à débarrasser le pays. La sapèque est une pièce ronde, percée au milieu d'un trou carré dans lequel on enfile le brin de bambou qui est à la ligature ce que le fil est au collier. Il en faut six cents pour faire une ligature, dont le taux sans cesse décroissant est, pour le moment, de soixante-cinq centimes; c'est-à-dire qu'il faut six cents pièces pour représenter une valeur de treize sous. Vous rencontrez parfois dans la ville un homme poussant une brouette dont la roue grince désespérément sous le poids des ligatures dont elle est chargée. Ne lui enviez pas cette lourde fortune : c'est un débiteur qui va rembourser dix francs à un créancier.

Le Camp des lettrés était le collège où, de tous les points du Tonkin, les candidats venaient se soumettre aux examens, qui donnent seuls accès aux fonctions publiques. La Chine a été imitée encore en cela comme en tout par l'Annam. Dix mille candidats se présentaient au Camp des lettrés ; une première épreuve en éliminait la moitié, une seconde épreuve n'en laissait plus que quinze cents, et, sur une troisième, on en choisissait cent, dont les vingt premiers, ayant rang de licenciés, pouvaient prétendre immédiatement au mandarinat. Ces élus, souvent de familles pauvres, dépensaient leur avoir pour les frais d'études et d'examen, ils empruntaient pour distribuer des cadeaux qui leur assuraient une bonne place, et ils arrivaient à leur

poste ruinés et pleins d'appétit. Qu'y trouvaient-
ils comme compensation? Des appointements
ridicules qui ne dépassent pas, dans les emplois
inférieurs, la solde qu'un Européen donne à son
boy, mais avec le pouvoir de pressurer la population. Comment resteraient-ils honnêtes, au sens
que nous attachons à ce mot? Ils pressurent, et
la faute en est au système autant qu'à eux.

—

Près du Camp des lettrés s'embranche sur la
rue des Incrusteurs la rue de la Mission, au
bord de laquelle une petite église dressait encore, l'année dernière, son clocher gothique;
les Pavillons noirs l'ont incendiée après la mort
du commandant Rivière. Les Pères des missions
étrangères ont là une résidence où l'évêque, Mgr.
Puginier, reçoit les visiteurs dans un appartement
qui sent plus la simplicité annamite que le confortable français. C'est un homme d'une cin-
quantaine d'années, à l'œil bleu, à la grande

barbe blonde que commencent à rayer des poils blancs, au sourire d'une singulière finesse. Il donne l'impression d'un esprit remarquable et il jouit ici de cette réputation. Il habite le Tonkin depuis vingt-cinq ans; les deux ou trois cent mille chrétiens qu'il dirige lui donnent une influence que les mandarins ménagent. M. Dupuis et les commandants en chef qui se sont succédé à Hanoï s'accordent à dire qu'ils ont toujours trouvé en lui un auxiliaire chaudement dévoué aux entreprises françaises.

Un peu plus loin réside le tong-doc ou gouverneur de la province. Sa demeure était autrefois dans la citadelle, d'où notre occupation l'a délogé. La visite que nous lui fîmes nous navra. Nous avions espéré trouver au moins chez lui quelque luxe indigène. Ses richesses sont-elles enfermées dans les appartements réservés? Ce qui est certain, c'est que nous n'en vîmes rien. Après avoir franchi une première porte, un sentier glissant entre un mur et une mare, nous conduisit à la porte d'entrée de la cour intérieure où, parmi quelques pêchers couverts de fleurs roses, une fontaine en rocaille semblait depuis si longtemps livrée aux tortures de la soif qu'elle tombait en poussière. Des marches à demi brisées montaient vers une véranda supportée par de grossiers piliers de bois; à droite, un hangar couvert de paillottes, et fermé sur trois côtés par des nattes de bambou, rappelait une de nos remises à voitures à la campagne; ce fut là que nous fûmes reçus. Des serviteurs placèrent des sièges de bois autour d'une table de la forme la plus élémentaire, sur laquelle des jacinthes en boutons trempaient dans un vase bleu; on apporta au tong-doc sa boîte à bétel, où il ne cessa, pendant l'entretien, de puiser des chiques qu'il accompagnait de petites pincées de chaux; puis on servit le thé dans des tasses de porcelaine de Canton commune.

Ses vêtements étaient en harmonie avec cette habitation. Son turban de cotonnade blanche indiquait qu'il était en deuil, sa robe de soie noire, lustrée par le frottement et l'usure, n'était agrémentée d'aucun ornement, et son ample pantalon blanc n'était pas aussi blanc qu'il aurait pu l'être. Il n'avait aux pieds que des sandales annamites faites d'une semelle de cuir retenue au moyen d'un cordon passé entre deux orteils. Cette pauvre apparence nous gelait, et nous partîmes au plus vite.

Quand le gouverneur sort, un homme, son sabre sur le bras, le précède, et deux serviteurs, portant des parasols poudreux, se tiennent devant et derrière son palanquin. Point de costumes éclatants, pas même de propreté. Nos fonctionnaires qui sont en rapport avec lui le disent intelligent; mais une physionomie annamite est pour un Européen un indéchiffrable rébus. En considérant ses joues proéminentes d'un galbe inégal, son nez écrasé, ses lèvres rougies et tuméfiées par le bétel, ses dents noires, les rides qui semblent entaillées à la pointe du couteau dans sa peau parcheminée, ses doigts en ras cines de mandragore prolongés par des ongles démesurés, nous pensions irrévérencieusement qu'il suffirait de le peindre pour avoir une excellente caricature. J'aime mieux les gens du peuple, avec leurs membres nus et leurs libres allures, que ces lettrés vieillots et déjetés par un formalisme desséchant.

—

En suivant toujours la rue de la Mission, on laisse sur la droite le joli lac au bord duquel est assise notre pagode et l'on pénètre dans le grand angle de la ville, qui entre comme un coin entre la citadelle et le fleuve. C'en est la partie la plus peuplée. Les étroites façades se pressent les unes contre les autres, débordées par les murs qui dressent au-dessus des toits leurs crêtes blanches taillées en escalier et ornées de rinceaux. Des portes monumentales, à double et triple toit gondolé, ferment l'entrée et la sortie des principales rues, dont elles portent le nom inscrit en caractères chinois sur leur fronton.

D'autres caractères alignés sur les chambranles expriment des souhaits ou des conseils dans le goût suivant : « Que la population soit tranquille dans cette rue, » ou bien : « Si la population est tranquille, elle n'aura pas à fermer les portes. » Des préceptes de la sagesse la plus pratique sont ainsi multipliés sur les monuments, et, si les habitants ne sont pas tous des philosophes, ce n'est pas faute d'avoir sans cesse la philosophie sous les yeux. Ce penchant pour les inscriptions n'est du reste pas propre au monde officiel, le peuple le partage ; les gens aisés font graver sur leurs portes particulières, soit des prières, soit des sentences, et il n'est point de pauvre, si grande que soit sa pauvreté, qui, au moment des fêtes du nouvel an, ne renouvelle sur son mur les bandelettes de papier rouge qui portent tantôt un simple mot comme « richesse » ou « santé » ; tantôt un souhait : « Que toutes les bonnes choses arrivent ici » ; tantôt une invitation aux passants : « Entre et sois en paix. » En somme, on fait de l'écriture un plus grand

usage extérieur qu'en Europe. Je ne me hasarde
pas à en tirer une conclusion sur le degré d'ins-
truction générale que cet usage suppose.

Les boutiques sont tenues presque toujours
par des marchandes. Accroupies sur une natte
sous l'auvent de leur porte, elles attendent le
client, un de leurs pieds déchaussés dans la
main, dans une de ces poses qui nous paraissent d'une invraisemblable souplesse et que
l'élasticité de leurs membres leur permet de
conserver des journées entières sans se lasser.
Elles ont généralement ces visages ronds que
les poètes chinois comparent avec enthousiasme
à la pleine lune. Leurs cheveux noirs et lustrés
sont plaqués en bandeaux sur leurs fronts, leurs
yeux noirs ont la douceur mouillée et l'inno-
cence bestiale d'un œil de chevreuil, leur nez
en boule à peine formé conserve toujours à leur
physionomie un air enfantin; leur peau est assez
claire pour laisser transparaître le rose sur leurs
joues. Sans être jamais jolies, elles sont tou-
chantes par leur naïveté et point désagréables

à voir tant qu'elles ferment la bouche. Mais, sitôt qu'elles montrent leurs dents gâtées par le bétel et rendues pareilles au jais par la laque, tout charme s'évanouit; ce charbon remplaçant des perles, ces ténèbres où l'on ne distingue rien qu'une sorte de grand trou béant au lieu des éclairs de la nacre entre deux lèvres roses, ce rire noir, mettent la sympathie en fuite et creusent entre les deux races un abîme qui me paraît infranchissable à l'amour. Loti a déjà laissé prendre en bien des pays un cœur sensible à l'exotisme, j'attends avec curiosité ses impressions sur celui-ci, où il a récemment passé.

Les clients s'asseyent au bord de la natte, à côté de la marchande, qui tire de deux ou trois caisses, dont se compose son magasin, les objets qu'elle a à vendre. Un boy apporte une corbeille de noix d'arec et de feuilles de bétel, et l'on chique en causant. Le client n'est pas pressé, la marchande l'est encore moins, les voisins prennent part à la conversation, les badauds qui passent s'arrêtent pour l'écouter, et le moindre

achat devient une occasion de longs bavardages.
Il n'est point de peuple plus musard.

Les artisans, comme les marchands, sont
installés sous l'auvent de leur porte et coupent,
taillent, cousent, liment, scient, rabotent, tournent, martèlent, clouent, dessinent, peignent,
brodent, tissent sous les yeux du public. Leurs
ateliers sont grands comme des boîtes; un Européen, en y étendant le bras, ferait voler en l'air
toutes les cloisons. Eux, souples et légers, accroupis sur leur natte, s'entassent les uns auprès des autres et travaillent sans se gêner. De
sept heures du matin à cinq heures du soir,
les rues ne sont ainsi qu'un immense atelier et
une immense boutique où les bourdonnements
de la foule se mêlent aux bruits des métiers.
L'animation est extraordinaire. Des marchands
ambulants crient des gâteaux et des sucreries;
des coulis passent sans cesse, portant leur
charge dans deux paniers pendus aux deux bouts
d'un bâton de bambou posé sur leur épaule. Ils
ressemblent exactement à une balance dont les

paniers sont des plateaux et dont eux-mêmes sont
le support. Le bambou plie, et, pour en suivre
l'ondulation, ils trottinent en se dandinant. Leurs
files dansantes s'en vont en manière de chœur
chorégraphique. Des promeneurs marchent, le
bras amicalement passé sur l'épaule l'un de
l'autre; les crêpons rouges ou verts des lettrés et
des boys à prétention éclatent en tons vifs au milieu des coiffures noires communes; les chapeaux
coniques à pointe d'argent, profonds comme un
gargantuesque entonnoir, signalent les bourgeois à l'aise dans la mêlée des vulgaires salacos
de paillotte et des chapeaux de femme plus larges
qu'une roue de voiture. Des bandes d'enfants,
la tête rasée, sauf deux mèches qui pendent
bizarrement de chaque côté du sinciput, le
crâne du ton jaune tendre des concombres mûrs,
ou déjà marbré de noir par l'abondance des
cheveux, le visage éveillé et charmant quand
les maladies de peau ou la petite vérole ne les
ont pas défigurés, jouent à la toupie, à la ma-
relle, se font des musiques avec des bambous

ou se lancent aux trousses des Français qui passent en criant bruyamment tout ce qu'ils savent de notre langue : « Bonjour, capitaine ! Bonjour, capitaine ! Donne-moi un sou. » Des chanteurs ambulants ameutent les curieux avec des chansons d'amour qu'ils accompagnent d'une guitare à une corde, d'un petit tambourin et d'une paire de castagnettes d'une espèce particulière. Des acrobates se disloquent, au son d'une musique semblable, avec une aisance qui rendrait nos clowns jaloux ; tandis que des croupiers, dissimulés dans les recoins des places, sollicitent la passion favorite des Annamites en installant sur la terre une sorte de roulette primitive : ils ont un dé percé d'une cheville, à la façon de nos totons ; après lui avoir imprimé un vif mouvement de rotation, ils le cachent sous un couvercle ; et les joueurs déposent leur mise sur un tableau partagé en cases marquées d'un chiffre, pendant que le dé achève de tourner et retombe en montrant une face qui désigne le gagnant.

Plusieurs rues sont occupées presque exclusivement par des Chinois; elles forment un quartier spécial au milieu de la ville annamite. L'une d'elles s'appelle rue des Cantonnais; ces Chinois viennent en effet presque tous de Canton et du Kouang-Si. Ils apportent au Tonkin leurs habitudes de *self-government*. Quand on étudie la situation intérieure de la Chine, on s'aperçoit qu'en dépit de toutes les sages maximes qui les engagent à aimer l'empereur comme un père et à avoir pour le gouvernement un respect filial, ses habitants semblent considérer le gouvernement avec tous ses fonctionnaires comme un puits à calamités dont il est prudent de se tenir éloigné le plus possible. Ils n'ont recours aux autorités que quand ils ne peuvent pas faire autrement, préférant former entre eux des sociétés, des congrégations, comme on dit, à la justice arbitrale et à la police desquelles ils se fient plus qu'à des fonctionnaires corrompus. Leur force, hors de leur territoire, est de rester ainsi unis.

Leur colonie de Hanoï a été en partie dispersée

par la guerre. Quelques-uns étaient compromis avec les Pavillons noirs, ils ont fui à la nouvelle que les papiers de Luh-Vinh-Phuoc avaient été saisis à Sontay. D'autres ont expié leur complicité de la vie ou de la prison. Ceux qui restent sont fort polis et mettent obséquieusement la main au chapeau quand un Français passe ; j'imagine qu'ils ne nous aiment guère, car nous sommes venus les déranger dans un pays dont ils accaparaient peu à peu les richesses. Leur attitude parmi les indigènes est remarquable ; gras, grands, forts, très civilisés, ils méprisent ces Tonkinois maigres, chétifs et attardés au milieu desquels ils passent avec une mine insolente. Leurs maisons sont les plus belles de la ville : leurs vêtements de bonne soie de Chine, avec la blouse bleue ou noire et le pantalon de couleur tendre, gorge-de-pigeon, lilas, jaune abricot, vert pâle, sont opulents auprès des pauvres souquenilles indigènes ; le peu de luxe qu'on trouverait au Tonkin y a été introduit par eux et pour eux. Plusieurs ont de grandes fortunes que le bruit public exagère encore sans doute : appuyés sur le prestige de leur pays, ils étaient puissants et bravaient les pouvoirs locaux. On sent en eux ce sentiment de la supériorité de leur race, si fort chez la plupart des hommes.

Au fond, la tourmente passée, ce sont eux qui profiteront le plus de notre protectorat. Ils trafiqueront librement. On pourrait les empêcher d'envahir le pays en les frappant d'une taxe de capitation très forte comme plusieurs nations ont fait pour se défendre contre eux. Qu'on tire d'eux un revenu fiscal, c'est bien ; mais je ne crois pas que nous ayons intérêt à les éloigner. Nous aurons besoin d'eux. Qui ramasserait les soies dans les campagnes, qui ferait le petit commerce s'ils n'étaient là ? Les Annamites n'ont point de capitaux, et, jusqu'à présent, ne montrent pas un génie commercial bien développé. Le Chinois est un intermédiaire dont on ne se passe point dans l'extrême Orient.

X

PRISE DE BAC-NINH

Le Tonkin était fermé aux étrangers lorsqu'en 1873, un négociant français, M. Dupuis, y pénétra. Arrêté par les mandarins dans un second voyage qu'il essayait de faire au Yunnan en remontant le fleuve Rouge, il réclama l'intervention du gouverneur de la Cochinchine. L'amiral Dupré envoya le lieutenant de vaisseau Garnier. Après des succès surprenants contre les Annamites, la population la moins guerrière du globe, Garnier fut tué dans sa première rencontre avec les Pavillons noirs, bandits d'origine chinoise. Son œuvre fut désavouée. M. Dupuis, d'abord encouragé, fut abandonné; l'amiral Dupré le sacrifia au désir d'obtenir un traité qu'il bâcla avec la cour de Hué; on fit plus, on le ruina systématiquement avec cet acharnement haineux que l'on déploie contre les hommes envers lesquels on se sent coupable. C'est là une des plus monstreuses iniquités de notre temps; elle n'est pas encore réparée.

Par ce traité de 1874, nous n'avions su ni conserver les avantages acquis, ni nous en aller. Nous laissions trois postes à Nam-Dinh, à Haï-Phong et à Hanoï; ils étaient insuffisants pour nous assurer quelque influence au Tonkin, ils ne servirent qu'à y maintenir le drapeau français exposé à toutes les insultes. En décembre 1882, l'amiral Jauréguiberry proposa au conseil des ministres l'envoi d'une expédition de six mille hommes. Autant qu'il est permis de prévoir les choses humaines, un corps de cette importance envoyé à ce moment-là aurait achevé en trois mois la conquête du pays. La proposition fut rejetée : alors s'ouvrit cette ère des demi-mesures qui grossirent toutes les difficultés et prolongèrent indéfiniment l'entreprise.

Le commandant Rivière eut exactement le même sort que Garnier. Arrivé au Tonkin avec un millier d'hommes, il fut heureux tant qu'il ne combattit que les Annamites ; et il fut tué à sa première rencontre avec les Pavillons noirs. Les combats du 15 août et du 1er septembre 1883, livrés à ces derniers par le général Bouët, révélèrent enfin d'une façon indubitable qu'il y avait deux sortes de résistance dans le pays, et que la résistance des troupes d'origine chinoise était d'une tout autre fermeté que la résistance des bandes annamites. Des renforts avaient été expédiés sur la nouvelle de la mort du commandant Rivière ; les troupes commandées par l'amiral Courbet emportèrent Sontay d'assaut le 16 décembre. D'autres renforts furent expédiés encore après les affaires d'août et de septembre, ils arrivèrent au commencement de février; le corps expéditionnaire ayant ainsi atteint le chiffre de 14,000 hommes, le général de division Millot fut mis à sa tête avec les généraux de brigade Brière de l'Isle et de Négrier sous ses ordres.

———

Deux sentiments se partagaient la Chine en nous voyant nous emparer du Tonkin. Le premier était une répugnance très vive à laisser une puissance européenne s'établir sur une de ses frontières; le second était la crainte de la puissance française, résultat des souvenirs de 1860.

J'insisterai sur le premier. Toutes les fois que j'en ai parlé en France à des hommes politiques, j'ai été écouté comme un rêveur qui raconte des histoires à dormir debout. Je n'aurais jamais cru qu'on pût être aussi indifférent à la connaissance de l'âme d'un adversaire. Et cependant si on ne se rend pas compte des raisons de cette

répugnance, notre querelle avec la Chine est
absolument inintelligible. Le Tonkin ne faisait
point partie de son territoire et sa suzeraineté
sur lui était de la nature la plus platonique.
Pourquoi s'est-elle donc lancée dans les dépenses
et dans les hasards d'une guerre pour nous en
éloigner? C'est que; pour le Céleste Empire, il
ne s'agit, en réalité, ni d'une question de territoire, ni d'une question de protectorat, ni d'un
vain amour-propre follement engagé, ni d'un
aveuglement barbare sur l'état actuel du monde;
il s'agit des principes mêmes sur lesquels repose
son gouvernement. Entouré de toutes parts de
peuples beaucoup plus faibles que lui, qu'il a
fréquemment soumis par les armes, qu'il a
initiés à une civilisation qu'il se glorifie d'avoir
tirée tout entière de son propre fonds, auxquels
il a imposé des hommages honorifiques et qu'il
entraîne dans son orbite, il s'est habitué depuis
des milliers d'années à se considérer comme
l'empire du Milieu, le centre et le cœur du
monde, et à ne voir dans les autres nations que

des tributaires qu'il daigne laisser vivre, mais qui ne sauraient à aucun titre prétendre à l'égalité avec lui. Cette légende, le prestige du gouvernement en est fait ; elle est aussi la source intime de l'orgueil chinois, orgueil de race porté chez les lettrés à un degré qu'aucun autre peuple n'a connu. Depuis que les puissances européennes, en forçant les portes de la Chine, y ont fait une large brèche, les mandarins sont obligés d'ériger, vis-à-vis du peuple, le mensonge en système pour la soutenir et cacher la véritable situation de ces étrangers nouvellement arrivés du fond de l'Occident. On s'arrange pour les faire passer pour des tributaires, eux aussi, pour des sauvages lointains souvent en rébellion. Si le peuple constatait une déchéance de la domination universelle que l'Empire chinois a toujours cru exercer, il est probable en effet qu'au lieu de reconnaître son erreur tant de fois séculaire, il s'en prendrait de cet amoindrissement à l'incapacité du pouvoir ; l'autorité impériale serait fortement ébranlée, l'Empire courrait le risque d'être bouleversé.

De plus, les hommes d'état chinois ont obscurément conscience d'un autre péril. Sachant grâce à quelle forte constitution de la famille, grâce à quel faisceau admirablement coordonné d'idées morales, le gouvernement est facile dans leur pays, ils redoutent pour ces mœurs, pour ces idées, pour cette force de leur société, le contact avec les barbares. Il n'y a pas bien longtemps, on compterait aisément les mois, qu'on voyait en Europe un esprit aussi indépendant qu'Herbert Spencer s'associer à l'archevêque de Westminster pour s'opposer à la construction du tunnel sous la Manche, au nom de raisons qui ont la plus frappante ressemblance avec celles des Chinois.

L'établissement de la France sur la frontière des trois provinces du sud sera un démenti permanent à la légende chinoise, une négation palpable, visible et vivante des prétentions du Fils du ciel à la suprématie terrestre. Notre présence sera en même temps une sorte de mauvais exemple mis sous les yeux du peuple, un élément dissolvant aux flancs du vieil Empire. Ne nous étonnons donc point d'une hostilité instinctive qui a son origine dans l'antipathie radicale de deux civilisations inassimilables, dont l'une, en vertu de la loi féroce de la concurrence vitale, sera tôt ou tard dévorée par l'autre.

Malheureusement, de ces deux sentiments qui se balançaient, la crainte que nous inspirions s'évanouit sous l'effet de nos fautes. La mort du commandant Rivière, la situation précaire du petit corps d'occupation amoindrirent notre prestige militaire dans l'extrême orient et firent douter de notre force. Le marquis Tseng, témoin de nos dissensions parlementaires, crut que la Chambre des députés ne fournirait jamais au ministère les moyens de suivre une politique plus énergique; il se persuada que la France reculerait si la Chine avançait; à force de l'engager, il amena son pays à des hostilités ouvertes contre nous.

Sitôt débarqué, le général Millot s'était préparé à marcher sur Bac-Ninh. Sontay était défendu par les Pavillons noirs ; le marquis Tseng avait officiellement prévenu le gouvernement français que Bac-Ninh serait défendu par des troupes chinoises. Les renseignements des espions indigènes annonçaient un système de défense très sérieux : vingt-quatre forts détachés autour de la ville ; deux digues fortifiées et une série de redoutes sur la route de Hanoï ; un gros barrage avec batteries étagées sur les bords en travers du Song-Cau à Lach-Buoï ; d'autres ouvrages encore entre Bac-Ninh et Dap-Cau pour couvrir la route de Chine en cas de défaite. La force des troupes impériales était évaluée à vingt-deux mille hommes, armés pour la plupart de remingtons ou de martinis. Le gouverneur de Kouang-si était venu visiter la place et un général de ¡cette province, Hoang-Ké-Lang, en avait pris le commandement.

Le général Millot partagea son armée en deux. La brigade de Négrier concentrée à Haï-Dzuong

devait opérer le long du Song-Cau de façon à
conper la ligne de retraite de l'ennemi. La brigade Brière de l'Isle, partant de Hanoï, devait
tourner la grande route sur laquelle les Chinois
avaient accumulé les défenses et gagner Bac-
Ninh par des chemins de rizière. Nous suivîmes
celle-ci. Chaque colonne était d'environ 5,500
hommes. 6,000 coulis avaient été enrôlés à six
piastres par mois pour porter le convoi.

———

8 mars.

Hanoï dort quand les troupes s'ébranlent; la
nuit traîne encore en brouillard de suie à travers les rues. Nous consultons avec inquiétude
le ciel; depuis huit jours, la pluie tambourine
sur le toit de notre pagode, obsédant notre esprit de l'image des sentiers glissants qui se dé-
robent sous le pied, des bourbiers dont la
croûte crève sous le poids des passants, des ri-

zières ruisselantes que le vent essuie avec un frisson transi, des journées passées sous l'averse sans un endroit sec où l'on se raffermirait les fibres avachies par la pénétrante humidité du Tonkin. Le ciel a cet air louche, ce teint plombé de femme malade que nous lui retrouvons chaque matin. Il est rare qu'il se débarbouille avant midi ; jusque-là, il reste grognon et menaçant.

Le fleuve aux eaux troubles, complètement éteint sous ce ciel sombre, s'aperçoit à peine entre ses berges. On pourrait le croire vide si l'on n'entendait le bruit mouillé des hélices qui le foulent. Les petits remorqueurs au souffle court et précipité sont déjà à l'œuvre ; flanqués de chaque côté d'une grosse jonque sur laquelle les soldats s'entassent, ils vont sans cesse d'une rive à l'autre. Peu à peu, à mesure que le jour gris triomphe des brumes, ce qui sera plus tard le quai de Hanoï se couvre de curieux. Les coulis profitent d'un répit pour compléter les petites provisions qu'ils ont mises au fond de leur musette; des marchandes ambulantes leur vendent des gâteaux d'amidon qu'ils vont manger accroupis autour de leur charge. Les femmes annamites, les *congaï,* comme disent les soldats, sont venues dire adieu à leurs amis; elles ont passé leurs belles robes de soie indigo, et leur coiffure est relevée en un joli chignon sur le sommet de la tête. Elles bavardent, elles appellent, elles pleurent; puis, pour un rien, elles rient, les folles, et montrent cette bouche noire qui semble le tombeau de l'amour.

Sur l'autre bord, aussitôt débarquées, les compagnies se forment et se mettent en route. L'horizon est fermé par un rideau de bambous derrière lequel elles disparaissent. Qu'y a-t-il au delà? L'inconnu : la fortune pour les uns, la mort pour les autres. On part d'un pas délibéré, las qu'on était de l'attente fastidieuse qu'imposent les préparatifs, avec cette passion du joueur avide de tâter la chance et cet indéfinissable plaisir que donne la certitude d'avoir bientôt le cœur remué.

Les sentiers courent en zigzags, ajoutant les angles aux angles pour ne point écorner le plan carré des héritages. Des deux côtés, la rizière étale sous ses touffes vertes ses nappes d'eau que la stagnation irise de nuances plombées. C'est par là que nos six mille soldats et nos trois mille coulis s'en vont à Bac-Ninh.

———

Nous déjeunons à Cau-Bay. Un édicule rustique, petit temple élevé à quelque génie local, contemple dans l'eau d'une mare encadrée de buissons verts les coins de son toit relevés comme la pointe d'une babouche chinoise. Nous nous asseyons sous le banian qui le couvre de ses branches. Le temps est lourd, on sent les feux du soleil à travers l'écran des nuages et l'ombre nous semble bonne.

Puis, la halte étant de deux heures, nous

allons prendre le thé chez le maître d'école du
village. Un petit autel où s'accomplissent les
rites en l'honneur des ancêtres; à l'entour, de
larges tables très basses couvertes de nattes fines
sur lesquelles on s'accroupit; un panier pour
les livres; quelques rouleaux d'un papier gri-
sâtre qui se romprait sous la plume, mais qui
convient à la souplesse du pinceau; des pin-
ceaux; un large godet pour l'encre de Chine,
qu'on délaye en commun; des inscriptions sur
papier rouge collé aux murs, voilà tout ce
que j'ai trouvé à inventorier dans ce matériel
scolaire tonkinois. Le maître d'école est d'une
politesse que la peur rend très empressée. Des
soldats ont passé et lui ont emporté sa pipe; il
n'est pas sûr que nous ne lui emporterons pas
ses tasses à notre tour; pendant qu'on nous sert,
il consulte nos physionomies par des coups d'œil
furtifs. L'interprète le rassure et le fait causer.
Cau-Bay n'est qu'un hameau de soixante-dix
âmes, et, malgré le prix élevé qu'il leur demande, il a cependant cinq ou six élèves.

Pour une mesure de riz par mois, valant quatre ligatures ou deux francs cinquante, il leur enseigne le *Tam-tu-Kinh* ou *Livre des trois Lettres*. Ce recueil élémentaire est ainsi intitulé parce qu'il est en vers de trois mots, et, comme dans le système d'écriture inventé par les Chinois, chaque mot est représenté par une lettre particulière, les vers du *Tam-tu-Kinh* sont figurés chacun par trois lettres. Ils contiennent un résumé populaire de la morale de Confucius et l'enfant, en apprenant les signes les plus usuels de l'écriture, se pénètre en même temps de la notion de ses devoirs. Morale essentiellement pratique, pleine du génie chinois, qui ne connaît ni la curiosité désintéressée, acharnée au problème du monde par pure avidité de savoir, ni le point d'honneur qui fait qu'un individu tire de son cœur la force nécessaire pour se sacrifier à une idée. Elle a façonné ces peuples laborieux, aimant le travail comme la source du bien-être, pleins de vertus domestiques qui les préparent au respect de toutes les autorités, singulièrement faciles à gouverner, mais sans virilité et sans héroïsme.

Nous donnons une piastre au maître d'école pour lui faire oublier la perte de sa pipe. Il la reçoit d'un air hébété de surprise. J'avais envie de lui dire :

—Accepte et continue d'enseigner le *Tam-tu-Kinh;* tu es notre complice. Vante l'ordre à tout prix, inspire l'amour du repos, prêche le mépris des vertus guerrières, fais des hommes sans fierté. Continue. Et, grâce à ton livre, nous, dont l'âme a été autrement trempée, conquérants étrangers que quatre mille lieues de mer séparent de leur pays, nous viendrons une poignée au milieu de tes quinze millions de concitoyens, et nous te demanderons une tasse de thé que tu nous offriras en tremblant.

———

L'après-midi, on marche à travers une rizière sans fin. Une mer d'émeraude s'étend à perte de vue vers tous les points de l'horizon, semée d'îlots boisés qui cachent des villages. Sur cette immensité, les sentiers que nous suivons se détachent minces comme les rayures que le diamant laisse sur une glace.

Quelle étendue démesurée les difficultés du terrain donnent à la colonne! Les deux ballons que la colonne emmène tout gonflés et qui sont à la queue avec les bagages, semblent être encore au point de départ, alors que la journée s'achève. Ils élèvent au-dessus de l'horizon leur inexpressive tête ronde d'un aspect bêtement monstrueux. Tantôt un rayon de soleil perçant les nuages les fait étinceler comme des globes de métal, tantôt leur masse jaune, qui se balance lourdement en l'air, donne à songer à quelque grotesque apothéose du potiron.

Quand la nuit approche, l'avant-garde est entrée dans le village de Sui, où toute l'armée devait cantonner, mais il est visible que le gros n'aura point le temps d'y arriver. Il faudra coucher dans la rizière.

Quelques tertres d'apparence artificielle
bossuent un coin de la plaine. Ils recouvrent,
dit-on, les ruines de l'ancienne citadelle des
rois Lé. Un de ces tertres dessine encore avec
beaucoup de netteté un carré devant lequel
quatre colosses de pierre ont survécu aux des-
tructions des hommes et du temps. Ce sont
d'abord deux éléphants accroupis dans la posture que le cornac leur fait prendre quand le
maître veut monter; ils sont traités d'une façon
assez réaliste, leur trompe se recourbe entre
leurs jambes de devant et leur échine puissante
soulève la peau rugeuse de leur dos. L'endroit a
pris d'eux son nom, Voï-Phut, qu'on nous a
traduit par « les éléphants couchés ». Les deux
autres colosses sont des animaux qu'un natura-
liste serait fort embarrassé pour classer dans un
genre connu. Leur figure se rapproche de celle
du lion et leur crinière est bouclée de la façon
la plus académique; leurs jarrets sont ornés de
touffes de poils découpées comme des lambre-
quins; leurs membres sont terminés par une

main humaine. Socles et statues sont du même
bloc et le granit en est si dur, que le poli des
surfaces est à peine entamé. A deux cents pas de
ces colosses, deux tigres de moindre dimension
devaient garder jadis l'entrée d'une allée aujour-
d'hui disparue.

———

Près de ces restes une vieille femme est occupée à sarcler son riz. Le spectre de la guerre qui
s'agite devant-elle ne la détourne pas de son
travail; notre armée défile sans qu'elle lève
même la tête. Active et absorbée, elle sarcle
pour finir son champ avant le soir. Une boue
grise et grasse, qui lui colle aux jambes comme
la pâte aux mains du mitron, lui monte jusqu'aux genoux, et, chaque fois qu'elle lève le
pied, on entend le sourd gargouillement du ma-
rais.

L'instrument dont elle se sert est une large
boucle de fer emmanchée au bout d'un bâton;

cette boucle passe entre les touffes du riz et ratisse les mauvaises herbes. Toute la plaine du Tonkin est cultivée avec ce soin.

———

9 mars.

Triste nuit ! On s'est couché dans la rizière sans pouvoir allumer les feux, faute de bois. La terre était humide et la pluie est survenue. On se réveille raidi, percé, le ventre en déroute.

Quel pays d'extrêmes ! En une nuit, il a changé. Maintenant une couche savonneuse, glissante et traîtresse comme le pire des verglas recouvre les étroites chaussées de terre glaise. Impossible de s'y tenir en équilibre; et, si l'on ne se tient pas en équilibre, à droite et à gauche, c'est la rizière inondée avec ses gouffres sournois.

Les coulis, vêtus d'une guenille jetée sur l'é-paule, ont passé, eux aussi, la nuit dans la boue.

Pour se réchauffer un peu, ils se serrent les uns contre les autres, tout grelottant de froid et de fièvre. Quelques-uns ont emporté un manteau de paillotte qui les hérisse comme un paquet de broussailles; d'autres s'enroulent dans une natte; d'autres ont des défroques européennes qu'ils ont volées ou qu'ils doivent à la pitié des soldats; d'autres sont presque nus; on se sent glacé soi-même à voir leurs membres jaunes exposés sans défense aux morsures de ces rudes matinées. Pauvre bétail humain, tremblant de misère, la face abrutie, les bras gourds, ils vont se réatteler aux cordes et aux brancards. Les artilleurs se mêlent à eux, et on recommence à traîner les canons. Souvent le chemin n'a pas les soixante centimètres nécessaires pour l'usage des deux roues; alors soldats et coulis descendent dans la rizière et pataugent dans l'eau pour en porter une, tandis que l'autre continue à tourner. Plus loin, le sentier défoncé manque brusquement, il plonge dans une fondrière; pas un brin de bois à plusieurs kilomètres à la ronde pour essayer d'un pont. Il faut se jeter dans la boue, les hommes en ont jusqu'aux cuisses, les pièces disparaissent à demi englouties; des escouades de renfort viennent à l'aide, et, quand ils ressortent de ces terribles passages, soldats, coulis, canons, prolonges, n'ont plus figure reconnaissable; la boue moulant les guêtres donne aux jambes l'aspect d'un éléphantiasis monstrueux; les uniformes, ignoblement souillés, n'ont plus de couleurs, et les canons, trempés et retrempés dans la terre à demi liquide, ont l'aspect informe des troncs d'arbre que roulent les rivières débordées. On va ainsi sur ces chemins innomables, sur ce sol qui cède sous le pied d'une façon équivoque quand il ne crève pas brusquement, sous une pluie fine qui pique le visage comme des pointes de glaçon, au milieu d'une brume grise qui enveloppe la rizière d'une sorte de limbes sans issues apparentes où une armée se débat contre la glaise qui la happe aux jambes et essaye de l'enliser au fond de ses bourbiers. Les officiers, héroïques à leur façon, mettent la main aux roues pour rendre le courage à leurs hommes. Et les soldats, ayant conscience que ce qu'ils font est quelque chose de surhumain, ne frappent point sur les coulis attelés comme eux aux bricoles, ils les excitent au contraire par des cris amicaux, en compagnons qu'il serait injuste d'assimiler aux bêtes de somme. La grandeur de la peine qu'ils partagent les rend bons; loin de s'irriter, ils s'attendrissent.

— Allons! allons! ma pauvre vieille! Pousse, ou nous ne sortirons jamais de ton s... n... de D... de pays!

———

A Sui, on retrouve la terre ferme, on respire. Le village a cette mine que donne une prospérité déjà très ancienne. On y sent les embellissements accumulés par les générations. Des portes monumentales en ouvrent l'accès; les maisons de briques aux toits de tuiles sont nombreuses;

à travers les cloisons mal jointes de quelques belles pagodes, on voit reluire les dorures d'un Olympe de statues. Des banians bien des fois séculaires se dressent auprès des troncs énormes sur lesquels les racines adventices se tordent comme des paquets de boas entrelacés. Des orchidées singulières, d'autres plantes parasites plantées sur leurs branches vénérables, transforment leurs dômes gigantesques en un curieux assemblage des feuillages les plus différents.

Et le long de la route, après Sui, ce sont encore d'autres grands arbres et d'autres pagodes avec des éléphants en bas relief sur le mur d'entrée et des guerriers peints en rouge, en sentinelle contre le chambranle des portes. Aucun des pays d'Europe, où les églises et les temples ont poussé le plus dru, ne saurait rivaliser avec une pareille abondance d'édifices religieux.

Nous cantonnons à Dong-Ho, où l'on entre par un gracieux pont couvert où l'on admire une charpente très soignée sous un toit de tuiles. Un mur en briques découpées à jour, peint à la chaux, entoure d'une blanche guipure un bois de grands arbres qui cache une pagode. Les habitants viennent au-devant de nous, un air prévenant sur la figure. Un vieillard nous guide à travers le village, nous conduisant chez ceux de ses amis qui possèdent les choses que nous désirons acheter. Les gens s'empressent autour de nous, sans crainte. Ils se déclarent très heureux de recevoir des Français; ils assurent qu'ils n'ont jamais laissé les Chinois pénétrer chez eux, et nous montrent les lances avec lesquelles ils les ont repoussés. Vérification faite, cette dernière assertion est fausse; mais, feint ou sincère, leur contentement est très apparent.

Un moment après que nous l'avons quitté, le veillard accourt de nouveau auprès de nous; il se tient la joue dans la main par un geste suppliant, et il se désole, répandant, avec le verbiage annamite, un flot de paroles entrecoupées de sanglots convulsifs. On vient de mettre sa basse-cour au pillage, et il s'adresse à nous qui l'avons bien traité comme à des protecteurs. Mais que pouvons-nous? Que pourraient les officiers auxquels nous l'enverrions? Quand les impérieuses nécessités de la guerre en émoussent la délicatesse, les petits intérêts particuliers sont trop légers pour être pesés à la balance de la justice. Le soldat qui arrive harassé au cantonnement et n'ayant pour se refaire que l'insipide biscuit et le fastidieux bœuf conservé, ne résiste pas à l'envie d'un peu de viande fraîche, et l'officier qui blâme l'action et excuse celui qui la commet, feint de ne pas la voir pour ne pas avoir à la juger. Le soldat ne prend pas autre chose; le plus riche mobilier tonkinois n'a point d'objets précieux qui pourraient le tenter; mais notre colonne traîne à sa suite cette tourbe immonde des coulis, bande affamée et vorace qui est partie de Hanoï avec l'intention bien arrêtée de profiter des hasards de la guerre. Elle passe aux trous des haies comme l'inondation silencieuse aux brèches d'une digue, se glisse dans les ruelles des villages, soulève les cloisons de bambous, s'introduit dans les demeures, étouffe les cris pour ne pas attirer une prompte répression, va avec le flair que lui donne la communauté d'habitudes droit aux cachettes et fait de notre passage un fléau. Des clameurs partent d'une case, un officier accourt, il trouve des gens en pleurs et le tourbillon des pillards envolé. Où saisir les coupables? C'est le coulis anonyme qui a passé. Ces indispensables auxilliaires sont des instruments de dévastation que nous promenons avec nous et qui nous aliènent les populations. La guerre est lourde à nos amis.

Cependant le vieillard, accroupi au coin de la porte, gémit toujours. Il débite une sorte de lamentation sur un ton soutenu. Nous lui avons expliqué notre impuissance. A la fin, il nous importune.

— Plains-toi à celui qui a mis le malheur en ce monde, ou subis ta destinée !

Mais ce n'est pas un stoïcien, ce n'est qu'un

pauvre homme. Il avait des poules, des cochons, de la vaisselle, des vêtements. Il n'a plus rien. Il frappe sur le ventre de ses enfants pour donner à comprendre qu'il est vide ; il leur ouvre ensuite la bouche en faisant signe qu'il n'a plus rien à mettre dedans. Longtemps, bien longtemps il continue cette énervante lamentation, qui nous fend le cœur.

Et on entend, montant des toits de pailles du village, d'autres lamentations pareilles à la siennne. Pauvres gens qui payent, comme le Français qui restera sur le champ de bataille, le progrès en train de s'accomplir !

———

10 mars.

Toujours les matins mouillés, le patrouillis par les chemins, les haies perlées d'eau qui s'égouttent avec lenteur, la brûme qui traîne sur les rizières ses silencieux lambeaux d'ouate grise. Je commence à comprendre le climat du Tonkin. Il est tempéré six mois de l'année sous les mêmes latitudes que Calcutta et que le Sénégal, parce qu'une couche épaisse de vapeurs est sans cesse interposée entre le soleil et la terre. Nous vivons à l'abri de l'astre tropical, mais au prix d'une humidité constante et de variations de température excessives. Que la brume soit bien dense et nous voilà frissonnants et emmitouflés, comme si nous recommencions la campagne de Russie; que la voûte des nuées se troue sur notre tête et l'ardent soleil de l'Inde verse par la brèche ses lourds rayons, qui ressemblent à des jets de plomb fondu.

Toujours la rizière aussi. Le sol, en certains endroits, n'est qu'une croûte mince sur un gouffre; comme une pellicule de caoutchouc, elle se balance avec une élasticité surprenante, cède et rebondit sous les pieds. Les naseaux des chevaux battent de terreur quand ils passent sur ces fonds mouvants.

Halte à Bao-Kham, un marché comme on en
trouve à l'intersection de toutes les routes
un peu fréquentées. Pour halles, quelques
toits en paillotte posés sur des piquets de
bambou. Le marché se tient tous les cinq
jours. Les paysans des environs apportent surtout des vivres. Comme marchandise allant
au loin, on n'y trouve que du coton. Deux
vieilles femmes associées pour ce petit commerce vendent du thé aux passants, à raison
de deux sapèques la tasse. Derrière la claie
plantée sur quatre bâtons qui leur sert de table,
elles remuent des haillons plus crasseux que le
chiffon dont on essuie un pressoir à l'huile;
leur table même soulève le cœur à voir. Mais la
saleté ne répugne pas à l'Annamite, les clients
n'y regardent pas de si près. Ils s'attablent; pour
deux sapèques ils boivent leur thé, prennent
dans un pot le brin de chaux qui complète leur
chique de bétel, mettent une pincée de tabac
dans la pipe à eau qu'on leur prête et, aspirant
d'un coup toute la fumée, ils restent en extase,

la bouche ouverte, à la voir s'en aller en spirales, exactement dans la posture du fumeur de Brauwer. Les jours de marché sont aussi ceux des grandes recettes des deux vieilles femmes ; elles gagnent alors jusqu'à trois *tiens*. A soixante sapèques le *tien*, cela fait à peu près quatre sous de notre monnaie. Il y a de ces marchands de thé sur toutes les routes.

———

Si le lecteur n'était pas aussi fatigué d'entendre parler de pagodes que nous d'en voir, nous décririons encore celle de Bao-Kham, Bao-Kham, un simple marché avec quelques cases seulement à l'entour. La pagode, vaste à contenir un bataillon, est pleine de statues toutes brillantes de peinturlures et de clinquant. Quelques-unes ont quatre mètres de haut. Trois d'entre elles sont en granit, ce qui est rare, car le bois ou le plâtre sont plus généralement employés. Les ressemblances avec les symboles

catholiques sont si nombreuses que je vois
des gens instruits, qui devraient se défendre
de méprises de ce genre, se laisser glisser à
d'étranges conjectures. Une statue de femme,
nimbée d'or, tient sur ses genoux un petit
enfant; pour tous les soldats, c'est la Sainte
Vierge. Il est certain que, transportée dans une
de nos églises de campagne, cette image passerait pour telle sans aucune observation. Une autre
statue représente un génie avec un teint bleui,
le rictus d'un faune, et les oreilles pointues
que Michel-Ange s'est plu à donner à quelques
démons dans son *Jugement dernier*. Les soldats y ont reconnu tout de suite le diable; puis,
comme ce personnage suspect figure sans façon
dans le cercle de statues qui entoure le Bouddha doré, aux yeux noyés dans la contemplation du Nirvâna, ils sont persuadés que les Tonkinois adorent à la fois le diable et le bon Dieu.

Devant la pagode, une immense table votive
est posée de champ sur un socle de pierre
sculptée en forme de tortue.

Comme ce monde est étranger au nôtre! Ce n'est plus à Rome, ni à Athènes, ni en Égypte qu'il faut aller pour en comprendre les idées et les formes, mais en Chine. Et que savons-nous de la Chine? Que sait-elle de nous? De l'Europe et de l'extrême orient, l'un périra, et celui qui tuera l'autre ne saura pas même ce qu'il a détruit.

———

Nous couchons à deux kilomètres du canal, dans Mao-Dien, un village qui comprend quatorze hameaux et compte six mille habitants. On se croirait chez des amphibies. Ces hameaux sont moitié terre et moitié eau, tout luisants des grasses verdures des lieux humides, tout diaprés des teintes empoisonnées des mares croupissantes. Chacun d'eux est retranché : un mur de terre et une haie de bambous. De plus, chaque case est, à l'intérieur, une petite forteresse dans la grande; de trois côtés, elle est rendue inabordable par des bassins carrés, creusés de main d'homme et inondés; sur le quatrième, un mur de pisé, dans lequel est percée la porte, la protège.

La terre est cultivée en jardin et en verger; les aréquiers, les bananiers, les goyaviers, les bosquets de ricin s'élèvent du sein des carrés de concombres, de canne à sucre, de patates et de haricots. L'eau est aussi fertile ; cet étrange peuple en tire un parti extraordinaire. Une sorte de salade inconnue en Europe, le taro, la châtaigne d'eau, une herbe qui flotte sur les flaques et dont les porcs se nourissent, sont cultivés dans les mares où des femmes, dans la boue jusqu'aux cuisses, travaillaient à des semis. Des poissons, qui s'engraissent de la vase fourmillante de vie, pullulent parmi toutes ces herbes. Par curiosité, nous demandâmes une friture à notre hôte. Aussitôt, retroussant ses vêtements autour de sa ceinture, il prit le filet de rotin qui est pendu auprès de chaque case, et, entrant dans un de ces bassins, il se mit à pêcher sans sortir de son enclos.

11 mars.

La brigade passe le canal des Rapides : les soldats sur les bateaux de la flottille et sur des jonques; l'artillerie, la cavalerie et le convoi, sur un pont que le génie établit promptement avec de grosses jonques posées bout à bout dans le sens de la longueur.

Le canal est bien une branche du fleuve Rouge, ses eaux limoneuses coulent troubles et sans reflets entre des bords plats, dénués de caractère.

Nous avisons un de ces petits autels que la piété publique a multipliés dans la campagne. Ce peuple tonkinois, si respectueux de la mémoire des ancêtres, est compatissant envers les malheureux qui quittent ce monde sans y laisser des héritiers pour accomplir les rites en leur honneur. Sur ces autels érigés auprès des chemins, les personnes charitables viennent faire des offrandes aux âmes qui errent abandonnées par l'espace. Nous usurpons un moment la place des morts; écartant les vases pleins de riz où ces indigents du tombeau sont censés se nourrir, nous déjeunons sur la table de briques enduite de stuc et ornée de dragons peints, seul endroit à peu près sec que la matinée pluvieuse nous permette de trouver aux environs.

La flottille est là, dans le canal, assurant nos communications avec Haï-Dzuong; la *Carabine* dont nous avons entendu le canon hier, le *Mousqueton*, la *Trombe*, l'*Éclair*. Sur l'autre bord, nous saluons des soldats en pantalon rouge de la brigade de Négrier. Les deux colonnes ont pris contact et vont désormais agir de concert. Le général est lui-même à trois kilomètres de là. Parti des Sept Pagodes, au confluent du canal des Rapides et du Song-Cau en même temps que nous partions de Hanoï, il a déjà enlevé deux petits ouvrages chinois à Naou et à Do-Son. Il a perdu un officier, le sous-lieutenant Duchez, assassiné d'un coup de feu à travers une haie de bambou par un Annamite. Ces nouvelles sont reçues avec une nuance d'envie par la brigade Brière de l'Isle. Elle voudrait se battre aussi.

Le soir la musique régale le général d'un concert. O musique, musique, quels souvenirs tu remues au fond du cœur gonflé. Les volontés se détendent, cette musique familière parle du pays. Les soldats, tous les uniformes mêlés, s'entassent en cercle avec un respect religieux. Des coulis qui reviennent de la maraude s'arrêtent surpris du tableau; quelques-uns portent pendant à leur épaule de gros chiens roux, la gorge ouverte et sanglante, qu'ils vont manger.

———

12 mars.

La brigade de Négrier attaquera le barrage de Lach-Buoï et essaiera de pousser jusqu'à Dap-Cau pour couper la route de Chine; la brigade Brière de l'Isle s'emparera des hauteurs fortifiées de

Truong-Son qui commandent tous les autres ouvrages de Bac-Ninh. Tel est l'ordre de marche.

Nous partons à six heures et demie du matin. Nous suivons la digue du canal, passant entre deux haies de cactus que les turcos croient reconnaître pour des figuiers de Barbarie, ce qui émeut ces cœurs simples en leur rappelant l'Afrique. On déjeune à Chi, en face de l'ennemi qui est en vue. Les cinq hauteurs pelées du Truong-Son ne sont plus séparées de nous que par une grande rizière, les ouvrages qui les couronnent ont, dans le lointain, une silhouette formidable. Au pied et sur les flancs des collines, d'innombrables étendards sont alignés, avec des hampes très hautes et des flammes démesurées, comme s'ils appartenaient à des légions de géants. Le vent les remue et ils font de grandes tâches pourpres, blanches, vertes, bleues qui dansent. La couleur varie suivant le corps auquel ils appartiennent et peut-être aussi suivant la fantaisie des mandarins, car le drapeau n'est pas pour eux un insigne d'honneur à la conservation duquel on se dévoue jusqu'à la mort, mais un objet de parade, un trompe-l'œil pour abuser l'ennemi et lui faire peur.

La canonnade gronde sur notre droite; tout au bout de l'horizon la blanche fumée de l'artillerie estompe les haies de bambou. Le général de Négrier s'est mis en marche comme nous à six heures du matin, et décidément il n'y en a que pour lui; c'est encore lui qui se bat, mais nous allons enfin attaquer aussi. J'observe les sentiments sur les visages : chez les soldats c'est une sourde colère contre l'ennemi qui les fait peiner, le désir de se venger des misères qu'ils endurent depuis qu'ils sont en marche, ce besoin de donner des coups, de cogner, qu'on a quand on veut décharger sa mauvaise humeur. Avec tout cela, la vanité de paraître gais au moment du danger. Chez les officiers, c'est la satisfaction d'avoir l'occasion de se distinguer, l'espoir d'attraper un grade ou la décoration. Bien qu'il y ait dans la brigade un bataillon de turcos qui sur un effectif de cinq cent quarante hommes

en a laissé cent vingt-trois devant la redoute de
Phu-Sa à Sontay, l'idée de la mort ne trouble
personne. Chacun fait le raisonnement du
joueur :

— Ce sont ceux qui n'ont pas de veine qui
sont tués; j'ai de la veine, moi, je serai plus
heureux que les autres.

La brigade déborde les hauteurs sur sa droite
et prend son ordre de bataille. Un officier monte
dans la nacelle du ballon et, de là-haut, crie la
description du terrain et les dispositions des
Chinois. L'artillerie commence par canonner les
pavillons plantés au bas de la première colline
dont on va d'abord s'emparer; aussitôt ces pavillons s'abattent, ils disparaissent par enchan-
tement. Sur la pente rousse et nue, des fuyards
à la débandade s'agitent comme des points noirs
éperdus, essayant de regagner le sommet. Nos
troupes aussitôt formées, entrent dans la rizière
inondée; toutes ces jambes, froissant les touffes
de riz et fendant l'eau, qui rejaillit autour
d'elles, font un bruit pareil à celui de la marée

sur une plage de cailloux. Le commandant Coronnat, avec son bataillon d'infanterie de marine, est chargé de l'attaque sur la gauche, et le capitaine Godon, avec le bataillon de turcos si éprouvé à Phu-Sa, de l'attaque sur la droite. Leurs échelons escaladent en lignes aussi correctes qu'à la manœuvre cette pente, que des bandes désordonnées parcouraient un instant auparavant dans une affreuse confusion. Ils essuient à peine quelques coups de feu. Une si faible résistance cache-t-elle un piège? Il y a un moment d'angoisse solennelle, lorsque nos soldats, couronnant la colline, se trouvent à bout portant de la redoute. Elle n'a rien dit encore, cette redoute. Ne va-t-elle pas tonner? Allons, elle reste muette. Ce n'est qu'un mur en mottes de terre, façade faite pour effrayer de loin, derrière laquelle il n'y a jamais eu d'artillerie, et derrière laquelle il n'y a déjà plus de défenseurs.

Dès lors, la prise des autres positions du Truong-Son demande juste autant de temps qu'il en faut pour les atteindre au pas de course. A mesure que les troupes françaises grimpent sur une hauteur, les troupes chinoises filent hors de portée sur l'autre. Nous apercevons, se détachant sur le ciel, leurs silhouettes que la panique fait ressembler à des arbustes couchés par le vent dans une même direction; elles courent, courent, la tête penchée en avant.

Est-ce l'impression produite par notre mouvement tournant? Est-ce le contre-coup de la défaite infligée le matin par le général de Négrier aux défenseurs de Lach-Buoï? Est-ce la crainte d'être coupés et de ne plus pouvoir se retirer en Chine? Est-ce une terreur superstitieuse du ballon? Est-ce une seule de ces causes ou toutes ces causes réunies? Jamais armée ne s'est plus lâchement sauvée devant un adversaire. Nulle part elle n'essaye de s'arrêter, de faire un semblant de résistance. Les soldats chinois emportent leur remington sans même l'avoir essayé, mais ils l'emportent très précieusement; on a sans doute menacé de mort ceux qui ne pourront pas le représenter après la bataille, car aucun n'abandonne le sien. On relève sur leurs traces de grandes quantités de cartouches et pas une seule arme.

Ah ! la vieille Chine ! la vieille Chine qui ne peut rajeunir sous ses institutions caduques, que restera-t-il de son renom après cette journée? C'est la première fois que, depuis 1860, elle se mesurait avec une nation européenne, et son vainqueur lui-même a rougi de lui trouver une figure aussi piteuse au rendez-vous. Nous arrivions avec notre esprit méthodique, avec notre stratégie savante, avec nos calculs où nous faisions entrer tous les éléments de la réalité. Et elle s'est présentée, pareille à ce qu'elle était il y a vingt-cinq ans, remplaçant l'artillerie par des épouvantails et les alignements disciplinés par des parades foraines. Elle a acheté des armes à tir rapide et elle n'a rien appris. La cervelle est restée la même, pleine de chimères et de dragons. L'Europe s'accoutumait à la respecter, elle commençait à croire à sa puissance, elle

prenait au sérieux la comédie de sa transformation que ses ambassadeurs jouaient devant elle,
elle traitait ces ambassadeurs sur le même pied
que ceux des nations de notre civilisation. Et
tout cela, à la première épreuve, s'effondre dans
les rizières. de Bac-Ninh.

———

13 mars.

La brigade s'est arrêtée hier autour du Truong-
Son, personne n'ayant la pensée que cette première journée serait sans lendemain. Ce matin,
on se remet en route par un brouillard qui cache toutes les hauteurs; le pas du soldat est plus
leste, on espère se battre pour tout de bon.
Tout d'un coup le bruit vole de bouche en bouche que Bac-Ninh est déjà pris. Qui l'a annoncé? On ne sait. C'est une de ces nouvelles
qu'apporte le vent et qui n'ont point d'auteur

responsable. On la répète, mais on n'y croit pas.

Nous sommes sur les traces du général de Négrier. Des cadavres ennemis sont restés dans une petite redoute à droite du chemin, de beaux hommes d'un ton d'or, jeunes, grands et forts, dont les yeux sont déjà gâtés. Il faut que les Chinois aient été pressés de bien près pour qu'ils aient abandonné leurs morts; car ils sont comme les Athéniens; ils exécuteraient un général vainqueur qui ne rendrait pas aux morts les derniers devoirs. Plus loin, en travers de notre route, un pied jaune, marbré de vert par la décomposition rapide, sort de la terre fraîchement remuée ; on se détourne pour ne pas marcher dessus.

On fait la grande halte, la colonne massée au milieu de la campagne brumeuse qu'un silence de paix profonde enveloppe. Sur notre prière, les habitants d'un village voisin nous apportent du thé; nous les avions aperçus nous regardant de tous leurs brillants yeux noirs à travers leur haie de bambous. Le déjeuner s'achevait lorsque le capitaine de Vignacourt arrive au grand galop de son cheval; il annonce :

— Bac-Ninh est pris. Le général de Négrier est dedans depuis hier soir.

Le général de Négrier avait envoyé successivement trois officiers qui s'étaient perdus dans le brouillard et n'étaient ni l'un ni l'autre parvenus au quartier général. Inquiet de n'avoir point de nouvelles, le général Millot avait dépêché de bon matin M. de Vignacourt. On ne distinguait rien à cent pas devant soi. Le capitaine était allé donner droit sur les ouvrages de Bac-Ninh. Il avait vu flotter un drapeau sur un fort sans parvenir à le reconnaître. En cherchant dans une autre direction, il avait découvert un autre fort dont les soldats ne tirèrent point sur lui. Il s'avança : c'étaient des Français. Il demanda où il trouverait le général de Négrier.

— A Bac-Ninh, lui dit-on. Il a couché dans la pagode royale.

Voici le récit qu'on nous fit de la marche de cette brigade :

Elle était partie le 12, à six heures du matin de Do-Son. Après une fausse attaque sur Lach-Buoï, elle s'était dirigée sur le village chrétien de Keroï, dont elle apercevait de loin l'église. La flottille, composée des canonnières l'*Aspic*, le *Lynx*, la *Carabine*, le *Mousqueton*, la *Trombe* et l'*Éclair* et des avisos le *Léopard* et le *Pluvier* l'appuyait sur sa droite en remontant le Song-Cau. Elle avait attaqué Keroï vers neuf heures ; les prenant à revers, elle avait enlevé successivement, en perdant une trentaine d'hommes de la légion étrangère et de la ligne, les sept redoutes qui fermaient la boucle du Song-Cau et les ouvrages spéciaux qui protégeaient directement le barrage de Lach-Buoï.

Se remettant en marche, elle suivit la digue du Song-Cau. Elle avait à passer un pont à Traï-Ruoï. Les compagnies de débarquement qui venaient de prendre l'avant-garde, y furent arrêtées vers deux heures par des Chinois embusqués

13.

de l'autre côté de l'arroyo, dans un petit bois de mûriers. On perdit encore une dizaine d'hommes à les déloger. Ce fut la dernière résistance. Les marins, lancés sur les talons des fuyards, pénétrèrent dans Dap-Cau ; ils n'y trouvèrent plus personne. Un fort, avec une demi-lune du côté de la route de la rivière, domine ce village et commande la route de Chine. Ils s'élancèrent à l'assaut, ils essuyèrent une décharge de petits canons de cuivre et de fusils de rempart qui n'en atteignit aucun, et ils entrèrent d'un côté pendant que les défenseurs se sauvaient de l'autre.

Le général de Négrier arrivant derrière eux jugea d'un coup d'œil l'étendue du succès. La ligne et la légion étrangère montaient à l'assaut des forts élevés sur les hauteurs voisines et y entraient sans difficulté. Entre deux collines on apercevait Bac-Ninh au milieu d'une plaine, avec son enceinte crénelée, les bastions de brique de sa citadelle, sa tour octogone sur laquelle flottait encore l'étendard du Kouang-Si. Et dans cette plaine, entre les collines et la ville, les fuyards, que le général venait de pousser devant lui, ceux que le général Brière de l'Isle avait chassés du Truong-Son, mêlés dans le plus complet désordre, essayaient de rentrer dans la place par la porte de Chine. Le général fit poster aussitôt son artillerie sur les hauteurs ; une terrible canonnade couvrit cette porte d'obus. Affolées, incapables de se reformer, les misérables bandes chinoises, se voyant le chemin coupé, s'enfuirent à travers champs dans la direction de la route de Hanoï, d'où elles passèrent sur la route de Thaï-Nguyen.

Une reconnaissance enfonça la porte de Chine à coups de crosse. Ni la ville ni la citadelle ne furent défendues ; les hommes qui y étaient restés pendant la bataille, les avaient évacuées dès qu'avait commencé la déroute de leurs compagnons.

A six heures du soir, le général de Négrier prit possession de la pagode royale, au milieu de la citadelle. Il avait apporté au Tonkin une réputation de marcheur intrépide que cette journée du 12 mars allait accroître encore. Les soldats, pleins d'enthousiasme pour leur chef, le surnommèrent le général *Maolein*, du mot annamite dont on se sert pour presser les gens : Fais vite, va vite; *maolein! maolein!*

———

Cette chute si rapide étonna l'état-major. On était déçu ; quelques officiers parurent plaindre le général Millot de n'y avoir pas assisté de sa personne.

— Comment donc, dit-il avec à-propos, je commande aux deux brigades et je suis enchanté.

Alors tout le monde le félicite. Puis on repart. Comme s'ils ressentaient le frémissement de leurs cavaliers, les chevaux prennent d'eux-mêmes une vive allure. Maigre et pauvre nature ! Les collines de Bac-Ninh sont nues comme si le vent les avait rasées au plus près. Le paysage tonkinois rachète sa monotone platitude par ses aspects gras et plantureux ; quand la fertilité lui manque, il tombe aussitôt dans une rebutante médiocrité.

Au moment où le commandant en chef approche de la porte de la ville, le général de Négrier sort au-devant de lui. Ceux qui ne le connaissent point considèrent avec une sympathique curiosité cette figure énergique, aux yeux impérieux, où un nez d'aigle ressort d'une barbe en broussaille, mêlée de roux et de noir. Il est jeune, il est maigre, il a la mine sous laquelle on se représente un général de la première République avec le prestige de la victoire. Quelques morts étalés sur le dos le long de la route montrent des membres de colosse. Cette race du Kouang-Si, à en juger par les recrues qu'on en a tirées, est forte et belle, et, par contraste avec les Tonkinois, paraît très grande. Tous ces morts sont déjà dépouillés de leur queue, curiosité assez peu ragoûtante, fort recherchée cependant du corps expéditionnaire.

Sur la porte écorchée par les éclats d'obus et

piquée de trous par les balles, sont encore collées des affiches du gouverneur du Kouang-Si. Dans l'une d'elles, il recommande aux habitants de Bac-Ninh de surveiller attentivement les étrangers; il a appris que des espions s'y introduisent pour surprendre les secrets de la défense. Les rues où la guerre se vautre, pleines de fumée, de brèches, de choses rompues, d'indigènes hagards et de soldats en quête d'un abri nous saisissent d'une horreur tragique. Une partie des maisons sont encore intactes, silencieusement renfermées derrière leurs façades, qui ont bouché toutes leurs ouvertures comme pour ne pas voir passer le vainqueur. Les autres, brutalement violées, laissent couler sur le trottoir de briques, par leurs cloisons éventrées, des avalanches de débris informes que l'on piétine en passant. Les ustensiles de ménage que la veille on rangeait avec soin, les petits autels domestiques que l'on apprenait aux enfants à respecter, les papiers mis en lambeaux, les provisions gâchées font une litière

que piétinent nos chevaux. L'âcre puanteur des
incendies se mêle à la fade odeur mielleuse qui
s'échappe des habitations annamites boulever-
sées. Un Chinois qui n'a point voulu fuir, râle
de désespoir, couché dans la poussière devant
sa demeure en feu. De loin en loin, un cadavre
presque toujours frappé à la tête commence à
verdir sous la chaude moiteur de midi et les
mouches bourdonnent sur ses blessures décom-
posées.

La porte de la citadelle, surmontée d'un mirador avec deux étages de toits recourbés, est
chargée de soldats français qui acclament les
généraux ; le drapeau tricolore flotte au-dessus,
les tambours battent et les clairons sonnent aux
champs.

Ce moment nous donne à tous une sensation
délicieuse. Il est bien certain que, dans l'histoire générale, la prise de Bac-Ninh sera un fait
de très mince importance ; et pourtant, cette
musique guerrière n'en est pas moins la voix de
la gloire saluant le succès ; elle remue en nous

les obscurs instincts qui nous attachent à la prospérité de notre race, à la grandeur de notre pays. Elle fait sentir au plus désenchanté qu'il y a encore en lui des sources d'émotion que ne tarit aucun pessimisme. Vivat! On tient toujours par une fibre au tronc d'où l'on est sorti.

Le général en chef ôte son casque et salue, puis le cortège, franchissant le pont en dos d'âne qui enjambe le large fossé plein d'eau, s'engouffre sous la porte de briques rouges. Dans la cour de la pagode royale, plantée de pins sévères, une batterie de canons Krupp, le col fin et allongé, recouvert d'une laque noire luisante, les bords relevés de rouge incarnat, aligne correctement ses redoutables gueules rayées, que les Chinois n'ont pas su démuseler. Une mitrailleuse Christophe, laquée également noir et rouge, arrondit auprès sa large bouche en écumoire, vierge comme celle des canons. Sur le toit de la pagode aux arêtes incrustées de faïence sont appuyés, à demi déployés, une trentaine d'étendards de toutes les couleurs, im-

menses pièces de soie que cerne une bordure
dentelée et que blasonnent des caractères indi-
quant le corps auquel ils appartenaient. Le pavillon particulier du gouverneur du Kouang-Si
est au milieu, isolé des autres, comme le principal trophée. Le seul prisonnier non blessé
que l'on ait ramassé étale sur sa jaquette bleue
d'éclatants parements écarlates. L'écusson de
même couleur, qu'il porte sur la poitrine, indique qu'il fait partie des troupes du Kouang-
Si et qu'il est du district frontière de Tran-Nam-
Quan. Pour se donner une contenance, il prend
l'air du niais de féerie qui ne sait pas pourquoi
il se trouve là, et il rit de ses trente-deux dents
blanches en tournant au-dedans de la haie de
soldats qui encadre le tableau.

———

11 mars.

Nous sommes allés visiter la place et ses approches.

A Sontay, les fortifications portaient visiblement la trace d'une direction européenne. Les
travaux de détail, sauts de loups, haies de bambous, semis de pieux, y étaient multipliés avec
beaucoup d'intelligence; les digues fortifiées
étaient pourvues de traverses; certaines batteries étaient casematées. A Bac-Ninh, rien de
semblable. Il semble que la défense ait été conduite par un mandarin qui avait une lecture
superficielle de l'art de la guerre en Europe, et
qui a essayé une copie enfantine de ce qu'il
avait lu. Les ouvrages sont groupés sans raison. Quoique multipliés outre mesure, ils laissent entre eux des trouées. Le Truong-Son est
la clef des hauteurs qui entourent la ville; la
défense, au lieu d'y concentrer son attention,
n'y avait élevé que des redoutes sans impor-

tance, et n'y avait pas mis d'artillerie. Ces
fameux forts détachés de Bac-Ninh ont, pour la
plupart, des enceintes circulaires sans fossés,
d'un diamètre tellement réduit, que soixante
hommes s'y remueraient avec peine. Un obus
éclatant là-dedans aurait fait sauter toute la
garnison. Les murs sont en terre et trop peu
épais pour résister à trois coups de canon. On
n'a pas su profiter des dispositions du terrain
pour la direction des feux. Il n'y a nulle part
de glacis. Bref, ces retranchements, avec l'é-
norme travail qu'ils ont exigé et toutes les terres
qu'ils ont fait remuer, ressemblent à une colossale parodie. Ils dessinaient de loin, sur le ciel,
des lignes d'une apparence tout à fait formidable; ce n'était qu'une apparence. On dirait
que ce vieux peuple chinois, niais à force d'être
fin, ne sait faire la guerre qu'avec des épouvantails. Épouvantails, les dragons peints sur les
uniformes. Épouvantails, les innombrables drapeaux déployés sur le front des troupes. Épouvantails aussi, ces fortifications enfantines.

En nous promenant parmi ces remparts qu'on n'a pas même essayé de défendre, je me remémore ces nouvelles dont une diplomatie habile remplit depuis plusieurs mois les journaux, ces milliers d'hommes dont on enflait les totaux et qu'on faisait lever en Chine pour marcher sur la frontière du Tonkin, tous ces fusils des derniers modèles et tous ces canons se chargeant par la culasse dont on annonçait l'achat en Amérique, tous ces chiffres jetés aux quatre vents de la publicité qui auraient représenté quelque chose en Europe et qui n'étaient en Asie qu'une mystification tendue à notre crédulité. Ils étaient là ces hommes et nous les avons vus. Ceux qu'on a pris ont tous raconté à peu près la même histoire : ils étaient marchands ou laboureurs; on les avait enrôlés de force et emmenés à Bac-Ninh. Plus leurs armes étaient perfectionnnées, plus ils étaient embarrassés pour s'en servir. Le ballon les avait beaucoup inquiétés : les uns l'avaient pris pour un animal d'une espéce gigantesque, les autres pour une machine qui allait verser sur eux les projectiles. Le mouvement de notre armée, en menaçant leur ligne de retraite, leur avait ôté tout sang-froid. Et ils n'avaient, pour les éclairer, pour les raffermir et pour les entraîner, que ces mandarins orgueilleusement entêtés dans leurs routines chinoises, systématiquement ignorants de notre civilisation, qui s'imaginent que l'on peut prendre nos inventions et rejeter notre esprit, qui espèrent encore effrayer les Européens avec des mascarades et qui se retirent à bonne distance du champ de bataille quand l'heure décisive est venue.

15 mars.

Je retourne à Hanoï, par la grande route impériale, avec deux bataillons qu'on renvoie. Partout des murs de terre et des créneaux, autour des villages, autour des pagodes, en pleins champs. Le pays est couvert de petites redoutes pareilles à celles qui entouraient Bac-Ninh.

Les chemins ont un aspect extraordinaire, inoubliable. L'appât du pillage a déterminé un exode parmi les paysans. Les portes des villages dégorgent une foule qui s'amasse sur la route et roule tumultueusement vers Bac-Ninh. Un tremblement de terre ne viderait pas mieux la contrée. Des fourmis changeant de fourmilière ne sont ni plus affairées ni plus nombreuses. Il semble, à nous éloigner de la ville, que nous remontons un torrent dont le flot se partage et se précipite sur les deux flancs de notre colonne. Hommes aux jambes nues, femmes en larges chapeaux, enfants à tête rasée, vieillards ridés aux poils blancs courent du pas sautillant et rapide du coulis, pressés d'arriver à la curée. Tous ont pris le bâton de bambou aux extrémités duquel se balancent deux paniers vides, dans lesquels ils rapporteront le butin. Ils ont appris que Bac-Ninh était à sac, et, vautours de leur propre race, ils vont s'abattre dessus pour en arracher quelque dernier débris. Que trouveront-ils après les cinq mille coulis qui le fouillent depuis trois jours. Les objets mobiliers ayant disparu, ils emporteront les maisons elles-mêmes; on les verra revenir, pilleurs à qui rien n'est indifférent, chargés de briques, de tuiles ou de bois. Si on les laisse faire, — et comment arrêterait-on cette marée qui grossit sans cesse en se rapprochant? — ils laisseront derrière eux la place aussi nette qu'une nuée de sauterelles.

Quand nous sommes sortis de la zone où cette folie du pillage a arraché la population de ses demeures, les habitants assemblés sur la porte des villages, nous reçoivent avec de vives démonstrations de joie. Ils offrent au chef de la colonne des œufs, des poulets, des bananes, des pamplemousses et l'assurent de leur soumission dévouée. L'occupation chinoise les foulait terriblement. Ces remparts qui rayent les champs de leurs lignes géométriques ont été construits par eux, réquisitionnés de force pour les corvées. Ils travaillaient sous le bâton sans recevoir aucun salaire. Aussi attendaient-ils notre arrivée avec impatience, et plus d'un village, avant même notre entrée en campagne contre Bac-Ninh, avait envoyé secrètement des émissaires à Hanoï pour faire connaître d'avance ses sentiments. Ils ont confiance en nous, ils nous le montrent.

---

20 mars.

Maintenant la grande faute de la campagne est faite. L'expédition du Tonkin pouvait être terminée avant le retour de la mauvaise saison, Dieu sait désormais quand elle le sera.

Deux jours après la prise de Bac-Ninh, le général de Négrier est parti dans la direction de Lang-Son avec sa brigade et le général Brière de l'Isle dans la direction de Cao-Bang avec la sienne. Ordre au premier de poursuivre l'ennemi pendant trois jours et de revenir; ordre au second d'aller jusqu'à Thaï-Nguyen et de revenir. Le général de Négrier a culbuté des bandes chinoises retranchées à Phu-Lang-Tuang et au

Kep. Là il s'est arrêté; on apercevait à quelque distance de noires et hautes forêts et les montagnes qui commencent. Le général Brière de l'Isle, sans perdre un homme, s'est emparé d'abord de la citadelle de Yen-Thé défendue par trois mille Chinois et six cents Annamites, puis de la citadelle de Thaï-Nguyen où il y avait quatre mille hommes. L'ennnemi se disperse aussitôt qu'il aperçoit nos soldats, nous n'avons plus devant nous aucune force capable de résistance ; nos colonnes peuvent aller partout sans avoir sérieusement à combattre. Comment en profite-t-on? Au lieu de pousser devant eux, les deux généraux rappelés reviennent à Bac-Ninh. Je ne comprends rien à cette façon de faire la guerre. Nous avons rompu le traité Bourée parce que nous revendiquions la possession entière du Tonkin; l'occasion se présente d'occuper les deux provinces auxquelles tient le plus la Chine, nous la laissons passer. Et qu'est-ce qui nous arrète? Ce n'est pas l'armée chinoise, il n'y en a plus. C'est une funeste idée préconçue, l'idée que les troupes françaises ne doivent pas sortir du Delta. Quand nous négocions avec la Chine nous prétendons à la possession complète du pays et, quand nous nous mettons en campagne, nous ne voulons plus que d'une occupation restreinte. Nous annulons nous-mêmes les résultats de nos victoires.

Je me sens très malheureux. Les conséquences fatales de cette retraite de nos colonnes m'apparaissent avec une telle évidence que le chagrin m'empêche de dormir. Comment terminera-t-on cette expédition déjà trop prolongée, si même nos succès ne nous servent à rien ? Je télégraphie au *Temps;* mais à dix francs le mot, il est impossible d'insister comme je le voudrais. J'écris, mais quand arrivera ma lettre ? Et puis, qu'est-ce que c'est que l'opinion d'un journaliste ? Mais j'écris quand même pour me soulager : « Que la distance est parfois terrible à supporter, disais-je ! Croire que l'avis d'un témoin désintéressé aurait quelque influence sur l'opinion et préviendrait des erreurs, et savoir que cet avis ne sera publié que dans six semaines, alors que peut-être les résolutions définitives seront prises et les fautes irréparables, comme cela fait maudire les quatre mille lieues qui nous séparent du monde que l'on voudrait éclairer! Il n'importe, je ne saurais me tenir de vous envoyer le mien, dût-il arriver trop tard. Nous sommes en train de perdre tout le bénéfice de l'effort considérable que nous avons fait pour prendre Bac-Ninh, je voudrais avoir **cent** bouches pour le crier afin d'être mieux entendu. Nous retombons par une pente fatale dans cette irrésolution qui pourrit tous nos projets au moment où ils arrivent à la maturité. Nous ne savons plus vouloir. Des demi-mesures, toujours des demi-mesures! »

Et je continue en énumérant toutes les raisons qui me paraissent commander impérieusement la marche immédiate sur Lang-Son. Nous prétendons à la possession complète du Tonkin, nous y serons donc responsables de la sécurité, or nous ne pouvons l'assurer que par une occupation effective; pourquoi tarder à faire aujourd'hui, ce qu'il faudra toujours faire plus tard ? Nous lançons nos troupes à la poursuite des Chinois, puis nous les rappelons ; qu'en concluerons les Chinois quand ils s'en apercevront ? que nous avons eu peur et qu'ils nous ont obligé à la retraite à leur tour ; nous perdrons ainsi gratuitement le prestige de la victoire de Bac-Ninh. Nous n'allons ni à Lang-Son, ni à Cao-Bang, qu'en conclueront encore les Chinois ? que nous ne pouvons pas y aller ; or comme nous voulons qu'ils nous cèdent ces deux postes et comme ils nous croiront incapables de les prendre, ils ne consentiront jamais à nous les abandonner bénévolement et la paix sera impossible etc... [1].

---

1. Ma lettre arriva aux bureaux du journal le jour même où l'on apprit la signature de la convention de Tien-Tsin. Mes prévisions pessimistes avaient évidemment tort ; la lettre ne fut pas insérée. Six semaines après se produisit l'incident de Bac-Lé et il se trouva que décidément elles avaient raison. Si on était allé à Lang-Son après la prise de Bac-Ninh, il n'y aurait pas eu de troupes chinoises entre Lang-Son et Bac-Ninh trois mois après, l'affaire de Bac-Lé n'aurait pas eu lieu, la convention de Tien-Tsin n'aurait pas été violée, la paix aurait été définitive et une nouvelle guerre aurait été épargnée.

XI

COMMENT LE TONKIN MANGE

La vie annamite a peu de secrets. L'indigène
soulève le matin sa porte en auvent; la bande
bavarde de ses enfants se répand au dehors, et
sa maison, ouverte pour la journée, devient,
comme celle du sage, pénétrable à tous les yeux,
au moins pour les pièces où presque toute sa
vie s'écoule. Il est dans la rue, et la rue est chez
lui; le passant plonge dans les intérieurs, où
son regard ne gêne personne, puisqu'on est
accoutumé à cette exposition permanente en

14.

public. S'il survient un ami que l'on veut entretenir dans l'intimité, ou si l'on veut se recueillir, on a une pièce retirée au fond du logis, souvent une petite cour carrée, avec un arbre, quelques plantes, des fleurs; c'est là qu'on est chez soi et que, pour se délasser, on cause, on fume le tabac parfumé d'opium, on chique le bétel, on joue aux dés ou aux cartes.

Les marchands ne dissimulent rien dans les arrière-boutiques, il est rare qu'ils accumulent de grosses provisions; ce qu'ils ont à vendre est tout entier exposé au modeste étalage, dans quelques corbeilles ou quelques boîtes, que la femme qui les surveille époussette d'un plumeau. A passer devant l'épicier, le charcutier et le pâtissier, on apprend en un quart d'heure quel est le fond de la cuisine tonkinoise.

La boutique du premier n'attire point le regard par des couleurs voyantes, les objets sont ternes en ce pays; cependant elle retient un moment la curiosité par les nouveautés qu'elle contient pour un Européen. A côté du sel, du poivre, de l'huile, des gousses d'ail, des oignons, des légumes secs, des champignons et des piments secs, fonds commun aux épiceries de l'Orient et de l'Occident, on y découvre une variété extraordinaire de poissons séchés, depuis le fretin mince comme une aiguille jusqu'au monstre qui mesure un mètre de long; des mollusques de mer séchés, au ventre ouvert et aux bras multiples, qui ressemblent à d'énormes cloportes; des crevettes de grandes dimensions et de jeunes crabes séchés aussi; des haricots noirs et jaunes, si petits qu'on les prendrait pour des lentilles et dont on tire une gelée de l'aspect du lait caillé; des pointes de bambou conservées; des gingembres blancs et des gingembres rouges aux racines bizarrement tordues; de l'amidon de riz en bâtonnets plus blancs que la craie, dont on pétrit des gâteaux; de la cassonade de canne à sucre que l'épicière remue avec une coquille en guise de cuiller; du thé que les Tonkinois ne rôtissent point à la mode chinoise et dont les feuilles sont seulement séchées à l'air;

du *nuoc-man* à pleines jarres, une sauce dont on assaisonne invariablement tous les plats et qu'on obtient en laissant pourrir du poisson dans de l'eau. Quelques-uns de nos fromages ont le parfum du bon *nuoc-man*.

A l'étal du charcutier se balance un animal qui intrigue le nouveau venu. Au premier coup d'œil, le Français qui passe le prend pour un cochon de petite taille; son corps fendu laisse voir un lard bien blanc sur des chairs roses; la peau flambée à un feu de paille est d'une rousseur appétissante, et la tête, déposée sur une planche et préparée avec soin, rappelle la classique tête de veau aux narines ornées de persil. Puis, comme il continue sa route, il lui semble que ce cochon avait tout de même quelque chose d'insolite dans la tournure, les pattes bien longues, la queue singulièrement raide, le groin d'une conformation peu naturelle. Il revient sur ses pas pour l'examiner de plus près, il s'aperçoit alors que l'animal n'a évidemment aucun titre à être classé parmi les pachydermes. Une nouvelle inspection lui fait reconnaître qu'il a devant lui un chien, et un chien destiné à la table à n'en pas douter, car des clientes arrivent, et la charcutière leur en débite des tranches avec la placidité innocente d'une femme qui continue ce qu'elle a toujours fait. Ces chiens sont de gros toutous trapus, sans grâce, toujours de mauvaise humeur comme s'ils savaient à quelle fin ils sont destinés; on les apporte de la campagne, à chaque marché, par pannerées, les uns à point et bons à tuer, les autres jeunes pour l'élevage.

C'est, avec le porc, la seule viande que mangent ordinairement les Annamites. Les buffles sont trop précieux au laboureur et trop coriaces sous la dent pour devenir des animaux de boucherie; les bœufs sont rares, et les moutons inconnus. Le porc est d'une autre espèce que la nôtre : une grosse tête osseuse et plate, l'échine concave, les bajoues et le ventre traînant à terre. Dans ce pays de rizières, toujours dans la boue, il est devenu une masse informe, molle, boursouflée, détendue comme l'hippopotame, auquel il fait songer. Les villages sont pleins de leurs bandes indiscrètes; il n'est pas de tournant de ruelle où l'on ne rencontre quelque mère truie promenant une quinzaine de marcassins. L'armée française en a fait de grands massacres dans ses marches et le soldat leur doit d'avoir toujours bien vécu.

Le pâtissier confiseur, avec ses gâteaux et ses nougats, exerce une industrie florissante à Hanoï, car les Tonkinois sont très friands de sucreries. Nous avons un voisin que j'ai vu longtemps travailler sans comprendre ce qu'il faisait. Il se démenait tous les jours autour d'une sorte d'écheveau brillant et lustré comme de la soie blanche; il l'accrochait à une cheville plantée dans le poteau de sa porte, au-dessus de sa tête, et le tirait de toutes ses forces; quant il l'avait allongé, il le doublait, le raccrochait et recommençait à le tirer en poussant les soupirs d'un ouvrier accablé de ses efforts; un cercle de curieux constamment rassemblé autour

de lui l'observait avec intérêt. Je finis par savoir
que cet écheveau était du caramel et que notre
voisin préparait des bâtons de sucre d'orge.

Ce qu'une ménagère indigène ne trouve pas
dans ces trois boutiques, elle va le chercher soit
au marché quotidien du matin où se vendent
plus spécialement les poissons frais, dont on
fait une consommation énorme, les légumes frais
et les herbages, soit au coin des rues où sont
les marchands ambulants, dont tout le bien tient
dans deux paniers suspendus, comme les plateaux d'une balance, à un bambou passé sur
sur leur épaule. Ceux-ci étalent des spécialités
essentiellement tonkinoises. Les arroyos, les
fossés, les étangs, les mares, les rizières, toute
cette eau trouble et fangeuse, qui couvre le pays
de ses flaques miroitantes, regorge d'une vie
intense; les animaux naissent, croissent, se
multiplient avec une étonnante rapidité dans
ces flots tièdes, épaissis par l'abondance des
détritus végétaux. Sans cesse les indigènes sont
occupés à passer cette grasse vase nourricière

et fourmillante à travers leurs filets pour en recueillir à peu près indistinctement tout ce qui remue, nage, rampe ou se terre dans la boue. Les marchands ambulants promènent à travers la ville des crabes minuscules alignés entre trois brins de bambou; des cuisses de grenouille, épaisses et charnues, enfilées à des baguettes; des crevettes qui ont, de plus que les nôtres, deux pinces démesurément longues; des serpents d'eau, régal des Chinois; d'innombrables corbeilles d'escargots aquatiques, petits et gros, que l'on retire de leur coquille avec une épingle, après les avoir fait bouillir; des hydrophiles dont on ôte les ailes pour les croquer, à peu près comme on fait d'une écrevisse après avoir ôté sa carapace; car les Tonkinois n'ont point nos répugnances pour certains insectes; ainsi les marchands ambulants vendent encore de petites choses qui, de loin, ressemblent à des dragées dorées, et qui sont des chrysalides de vers à soie frites.

Une des rues de Hanoï porte le nom de rue des Fêtes; elle est désignée, comme presque toutes les autres, par l'industrie qui s'y exerce. Là sont les maisons où les riches Chinois et les riches Annamites vont, en parties fines, faire de bons repas et regarder les danseuses. Un Chinois de nos amis nous arrangea un soir un festin dans l'une d'elles; quelques-uns de ses compatriotes furent invités et nous pûmes prendre une idée de la façon dont s'amuse la jeunesse dorée du Tonkin.

L'endroit n'était surchargé d'aucun luxe banal : c'était une de ces bâtisses chinoises qui, d'une façade sur la rue, s'en vont en boyau par une enfilade de pièces et de corridors insuffisamment éclairés par le haut jusqu'à une petite cour aux murs verdâtres et suant l'eau, où le propriétaire entretient, dans des pots de faïence ou de porcelaine, un jardin minuscule composé de plantes systématiquement rabougries. La pièce où notre guide nous arrêta était, comme la maison, tout en longueur et très haute;

dans l'obscurité fumeuse flottant sous le toit, on devinait la galerie d'une de ces soupentes où les Chinois se retirent la nuit à l'abri des moiteurs rhumatismales de leurs rez-de-chaussée. Deux lampes à trois becs suspendues à des chaînettes et garnies de mèches en brins de bambou faisaient songer à un éclairage de caverne de voleurs. Une longue et large estrade très basse, recouverte de nattes fines, remplissait un tiers de l'appartement, meublant à elle seule, avec un canapé de bois, cette salle de fête. Les murs, anciennement crépis à la chaux, étaient rongés par la lèpre particulière aux lieux humides mal entretenus. Mais on les voyait peu.

Nous étions six convives et on nous présenta à six danseuses. Que cet accord des deux chiffres n'inspire aucune appréhension au lecteur pour ce qui va suivre : les danseuses jouissent, dans l'extrême Orient, d'une réputation tout autre qu'à l'Opéra ; on prétend que la vertu est pour elles une condition indispensable de succès.

Celle qui céderait aux offres dont elles sont l'objet devrait, dit-on, renoncer à sa profession, qui est très lucrative, car on ne la louerait plus nulle part pour danser. On nous a raconté de leur rigueur des traits si admirables que je ne les rapporterai point, tant on aurait comme moi de la peine à y croire. L'usage veut que, pendant le repas qui précède la danse, une danseuse s'asseye auprès des convives, et nous étions là pour nous y conformer. Seulement nous n'avions pas prévu l'horreur instinctive, insurmontable, que des hommes à peau blanche et fortement barbus étaient capables d'inspirer à des femmes accoutumées à des visages jaunes et toujours soigneusement épilés. Le mot horreur n'est point trop fort pour peindre le sentiment de répulsion subit qui les rejeta en arrière quand nous approchâmes d'elles. Je ne sais de quelles histoires à la Barbe-Bleue, le monde féminin tonkinois à la tête farcie à l'endroit des Français, mais l'apparition de Croquemitaine au milieu d'une bande

d'enfants n'auraient pas produit un plus terri-
fiant effet. Elle n'osèrent jamais se placer auprès de nous; elles se pelotonnèrent peureuse-
ment les unes contre les autres dans un coin
de l'estrade, s'effarouchant au moindre de nos
gestes et tenant les yeux baissés aussi obstinément que si nous avions été doués de la puissance terrible du basilic, lequel tue les gens
dont il croise le regard. Un peu embarrassés de
nous voir subitement transformés en ogres,
nous prîmes le parti de ne plus nous apercevoir
de leur présence afin de leur laisser leur tranquillité d'esprit.

Nous nous accroupîmes sur les nattes dans
cette posture familière aux Annamites qui
devient promptement insupportable aux jointures beaucoup moins souples de l'Européen, et
le festin commença. L'ambition d'une table chinoise est d'étaler le plus grand nombre de plats
possible; notre estrade disparaissait sous les
assiettes creuses et les bols contenant chacun
un mets différent. Nous promenions notre œil

déroulé, sans pouvoir l'arrêter à rien de connu, sur des tas de choses découpées en tout petits morceaux et nageant dans des sauces louches. Notre ami chinois nous traduisit le menu, et nous pûmes manger en connaissance de cause; ses compatriotes, l'appétit très allumé, ne choisissaient point et prenaient une bouchée de tout. Il y avait des vessies de poisson séchées, blondes comme de la choucroute alsacienne, des ventres de poisson réduits en une gelée blanche découpée en façon de dentelle, de soi-disant nerfs de poisson qui nous parurent être des cartilages irréductibles sous la dent, des filets de congre fumé, des tranches de poisson cru, beaucoup de poisson sous les déguisements les plus inattendus pour nous. On n'avait pas trouvé de nids de salangane dans Hanoï, mais nous eûmes des ailerons de requin, et il nous sembla nous souvenir que nous avions déjà mâché cette substance sur les bancs de l'école où on l'appelle de la gomme élastique. Le cochon apparaissait aussi très fréquemment, ainsi que le canard; si

nous n'avions pas exigé qu'on ne nous en servît
point, le chien comestible aurait également
figuré sur la carte. Les Chinois, et à leur
exemple les Annamites, se plaisent à rechercher
et à savourer à part le goût particulier de chacune des parties d'un animal, ils sont de l'école
de cet empereur romain qui se faisait servir un
plat de langues de phénicoptères. Ce que nous
vîmes de plus surprenant en ce genre fut un
salmis de peaux de pattes de canards.

Nos commensaux chinois trouvaient évidemment la chère exquise; ils avalaient avec ces
viandes beaucoup de petits oignons trempés dans
la moutarde et beaucoup d'une bouillie noire
faite avec des haricots; ils se versaient de fréquentes rasades de sam-chou, une sorte d'eau-
de-vie de riz qui garde de la fabrication un bouquet d'alambic échauffé franchement déplaisant
pour un palais européen, et ils commençaient à
plaisanter bruyamment en leur langue. Nous
avions moins bon appétit et nous ne nous rat-
trapâmes point au dessert, car les amandes frites

dans le sel, les tranches d'œufs confits assez longtemps dans la chaux pour être devenus tout noirs, les petits tronçons de canne à sucre soigneusement épluchés, et les fruits si loin encore de la maturité que le verjus en faisait pleurer les yeux, nous parurent une maigre compensation à un détestable dîner.

Les sauces se mangeaient avec une petite cuiller en porcelaine, et les choses solides avec les fameux bâtonnets chinois. Aucune des nombreuses descriptions que j'avais lues de la façon dont on se sert de ce dernier ustensile ne m'en avait donné une idée exacte. Elles m'avaient conduit à cette conviction que ces bâtonnets remplaçaient absolument la fourchette, et je m'attendais à voir des prestidigitateurs exécutant des tours de passe-passe dignes de Robert-Houdin pour faire sauter les morceaux de la table dans leur bouche. Ma désillusion fut grande: les mets sont, comme je l'ai dit, servis découpés assez menus pour qu'on n'ait pas besoin de recourir au couteau; on attire un

morceau au bord de son bol, on y joint du riz
ou des légumes, et, quand la bouchée est prête,
on porte le bol à ses dents, on ouvre la bouche
toute grande, et les bâtonnets poussent la bouchée dedans. La fourchette n'était pas encore
inventée au temps de François Ier, mais, avec
l'opinion que nous avons de l'élégance au
xvie siècle, nous aurions une peine extrême à
nous représenter les raffinés et les nobles dames
de l'époque engouffrant ainsi un grand dîner
avec un bruit de bêtes qui goinfrent.

On desservit; nous passâmes sur le canapé de
bois et les danseuses s'emparèrent de l'estrade.
Une vieille se mit à râcler une guitare avec une
mince planchette de bois en répétant éternellement la même phrase musicale, une sorte
d'obsession somnolente acharnée. Les danseuses entonnèrent un chant presque aussi monotone, lent et plaintif quant à l'air, mais sans
doute plus varié quant aux paroles, car des sou-
rires animèrent plusieurs fois leurs visages.
Elles mêlent des improvisations à leur texte et

peut-être avons-nous fourni le sujet de quelques
plaisanteries où elles ont pris leur revanche de
la peur que nous leur avions faite. Leurs robes
de dessus étaient uniformément noires et ces six
fantômes sombres glissant doucement dans la
salle obscure n'avaient rien de bien riant. Leurs
vêtements de dessous, en soie comme la robe,
et dont on apercevait une mince bande à la fente
de celle-ci sur la cuisse, étaient au contraire
des couleurs les plus vives; même dans la vie
intime, ce peuple espionné et craintif cache
ainsi ce qui a de l'éclat. En Tonkinoises co-
quettes, elles avaient les dents couvertes de
brillante laque noire; elles étaient jeunes
et leur physionomie respirait cet air de douceur
touchante commun aux femmes du pays, mais il
aurait fallu être né au bord du fleuve Rouge
pour leur découvrir quelque beauté; leur front
était rond, leur petit nez — en forme de crou-
pion de volaille — bien vulgaire; leurs pom-
mettes saillantes, et le galbe de leur figure
dessinait un rond trivial renflé aux joues et

15.

d'une symétrie rompue par des boursouflures.

Les danses populaires du monde entier se ressemblent en ceci qu'elles ont toutes pour sujet la peinture des séductions que l'homme déploie pour obtenir la femme et des coquetteries par lesquelles la femme résiste et retarde le moment où elle s'avoue séduite. Tous les hommes devraient donc, sans avoir besoin de préparation, en comprendre la pantomime, serait-on porté à penser au premier abord; cependant, quand un blanc se trouve brusquement transplanté à un certain nombre de degrés de sa longitude natale, il découvre que bien des notions qu'il considère comme naturelles sont des notions acquises et qu'elles forment la propriété d'une fraction seulement de l'humanité. La nature, le tuf primitif! Il est si profondément enseveli sous l'héritage accumulé des vieilles générations qu'on n'est jamais sûr de l'avoir retrouvé! La vérité est que la signification que nous attachons aux gestes quels qu'ils soient est une convention et que l'espèce de langage qui en résulte doit être appris au même titre que le langage écrit ou parlé. D'une race à l'autre, il devient inintelligible.

Dans une pantomime française, Arlequin fait la cour à Colombine en lui donnant de petits coups de coude, en lui pinçant la taille, en raillant sa défense par des haussements d'épaule, en lui lançant des regards langoureux pendant qu'il se tire la bouche, en lui envoyant des baisers, en essayant de l'entraîner par le plaisir d'une danse troublante. Aucun de ces gestes, qui éveille immédiatement dans notre cerveau une idée nette et précise, n'a de sens pour un Annamite, car il n'en connaît aucun. L'idéal de gravité posée jusqu'à l'affectation qu'un cérémonial minutieux lui offre en exemple le tient écarté de ces manifestations trop vives en les lui faisant considérer comme inconvenantes. Il ne danse point, il ne gesticule point, il ne hausse point les épaules. Quant aux clignements d'yeux, les physiologistes pourront rechercher si l'œil bridé de la race jaune ne s'y prête point, mais

c'est un moyen de communiquer ses sentiments
que l'extrême orient ignore. Le langage muet
de deux amoureux tonkinois s'exprime surtout
par le jeu des mains. Une paume tournée d'une
certaine façon peint l'ardeur de la passion de
l'amant, et les doigts étendus d'une autre répon-
dent ce qu'en pense la cruelle. Cela est devenu
une télégraphie très compliquée dont ce qu'on
appelle la danse tonkinoise est comme le réper-
toire. Cette danse singulière n'exige presque
aucun mouvement du corps; les danseuses sont
rangées sur deux lignes face à face comme deux
chœurs qui dialoguent; de temps en temps elles
se croisent d'un pas solennel et changent de
côté; tout l'intérêt réside dans l'action des
mains, qui est variée étonnamment. Elles jouent
dans l'air, ces mains, comme les volants avec
lesquels tricote un jongleur, tantôt planant
horizontales et tantôt fendant l'espace, tantôt
ouvertes et tantôt fermées, tantôt doucement
promenées comme pour une caresse et tantôt
frémissantes et agitées, tantôt rapprochées du

corps comme par un instinct de défense et
tantôt s'envolant dans un élan : des mains soignées, jolies, fines, avec des doigts d'une souplesse élastique et des ongles très longs.

Ai-je besoin d'ajouter que ce qu'elles se
disaient était pour nous aussi obscur, aussi
fermé qu'une inscription de l'époque des Thang
en beaux caractères idéographiques. Nos Chinois
ne perdaient rien du spectacle ; leurs petits
yeux à demi clos, leur figure ronde voluptueuse-
ment épanouie dans les délices de la pipe, ils
ronflaient de plaisir aux endroits les plus émou-
vants. Et la vieille râclait toujours sa guitare
avec une régularité d'automate monté pour une
soirée. Nous, nous sentîmes bientôt l'impression d'invincible ennui que nous aurait causée
la lecture à haute voix d'un poème tonkinois
dans sa langue originale, et nous mîmes promptement fin à la fête.

La digestion du repas fut extraordinairement
difficile. La plupart des plats étaient accommodés
avec une huile de ricin qui, après s'être sour-

noisement laissé avaler, se rebella une fois dans l'estomac et se montra fermement décidée à ressortir par où elle était venue. La moralité de cette orgie fut que nous gardâmes le lit le lendemain.

———

Après avoir festiné avec les riches, nous sommes allés voir manger les pauvres.

Hanoï, comme toutes les grandes villes, doit contenir en temps ordinaire une assez nombreuse population flottante; depuis quelques mois, avec les enrôlements extraordinaires de coulis qui ont amené beaucoup de paysans, cette population a augmenté encore. Où elle couche, les étoiles le savent; et où elle mange, celui qui se promène à travers les rues le voit. Vers six heures du soir, les restaurants indigènes, très abondants en certains quartiers, se remplissent. Ce mot de restaurant est un peu ambitieux pour des installations aussi primitives;

la cuisine se fait dans le lieu même où l'on mange sur de petits fourneaux de terre dont la cuisinière ravive sans cesse le feu avec un éventail. Parfois il y a des tables et des bancs sur lesquels les clients ne s'assoient point, comme on pourrait le croire, mais sur lesquels, obéissant à leurs habitudes et prenant la pose où ils se trouvent le mieux, ils s'accroupissent à la façon des oiseaux sur un perchoir; parfois il n'y a qu'une natte commune pour la clientèle et pour le repas; parfois il n'y a rien du tout, le pauvre reçoit sa portion directement de la marmite et la mange debout devant la gargote.

Selon que la journée a été bonne et que le pli de sa ceinture ou le nœud de son turban est garni, un Tonkinois sans famille qui veut dîner dans Hanoï peut choisir. J'ai eu la curiosité de demander les prix dans diverses boutiques. Les indigènes, on le sait, comptent par sapèques et par ligatures. Six cents sapèques composent une ligature, et la ligature vaut aujourd'hui environ soixante centimes, de sorte qu'il faut dix sapèques pour faire un centime et cinquante sapèques pour faire un sou.

Si notre homme n'est pas en fortune, il se contentera de manger du riz, qui est le fond de la nourriture de l'Annamite, et lui suffit seul au besoin. Des marchands en débitent cuit à l'étuvée, tel qu'il se consomme dans tout l'extrême Orient; quinze sapèques le bol, et trois bols composent un repas ordinaire, à condition qu'on en fasse trois ou quatre du même genre dans une journée. Pour cent quatre-vingt sapèques, c'est-à-dire pour dix-huit centimes par jour, un indigène peut donc vivre à la ville, où la vie est naturellement plus chère qu'à la campagne.

Il faudrait cependant qu'il fût bien misérable pour ne pas joindre à son riz un peu de pâte de haricots, que l'on vend par tranches de deux sapèques, un peu de *nuoc-man* qui se donne pour rien au client dont les consommations sont suffisamment élevées, et quelques feuilles de salade verte non assaisonnée qui lui coûtent une sapèque.

S'il est riche, il relèvera son riz avec une bouillie de pâte de haricots et de sucre qu'on lui vendra une dizaine de sapèques, et il mangera du poisson et du porc. Le premier, bouilli, se donne pour vingt-cinq à trente sapèques la portion et, rôti, pour trente-cinq; le porc est à peu près au même prix. Le gros du repas fait, il achètera pour quatre ou cinq sapèques un gâteau ou une sucrerie; les marchands ambulants sont précisément là qui le guettent au sortir du restaurant, car celui-ci ne fournit point le dessert; ou bien il prendra, enfilés à une baguette, quelques fruits que les Annamites cueillent et mangent tout verts.

Pour cinq sapèques encore, il s'assoira devant le fourneau d'une marchande de thé, car jusqu'à présent il n'a pas bu. On tirera pour lui, de la grande marmite où il infuse toute la journée, une copieuse tasse d'un liquide jaunâtre qu'il dégustera tout en préparant dans la pipe à eau de la boutique une pincée de tabac qu'on lui a donnée. Il l'allumera, tirera trois bouffées de fumée qu'il gardera un moment dans la bouche pour en bien savourer le parfum, puis il s'en ira flâner, content et repu. Il aura ouvert un bien large crédit à son appétit s'il a dépensé cent cinquante sapèques en tout; pour trois sous, il aura fait un bon dîner. Étonnez-vous après cela si la paye de dix-huit sous par jour des coulis est considérée comme élevée dans le pays, et si elle attire les ouvriers de Hanoï et les paysans des environs en grand nombre.

———

On sera peut-être curieux de savoir ce que peut coûter la vie d'un Européen à côté de ce bon marché indigène [1]. Elle est, pour les choses que le pays produit, également à bon marché. On tire le vin, l'huile, le vinaigre, la farine et les conserves d'Europe; la valeur en est, comme

1. Je vivais avec Paul Bonnetain, correspondant du *Figaro*, G. Fillion correspondant de l'*Agence Havas* et le lieutenant Saillard, gai et énergique officier de turcos qui était chargé de la télégraphie optique. Je suis bien aise de donner ici un souvenir aux bonnes réunions où s'est formée notre amitié.

dans tous les pays situés à de grandes distances, assez élevée. Pour le reste, un cuisinier fait le marché de trois ou quatre personnes avec une piastre par jour, soit 4 fr. 60, et il les sert avec abondance.

Deux boulangers chinois font d'excellent pain à Hanoï, un boucher européen et des bouchers chinois ont de la viande fraîche et de bonne qualité tous les jours; le poisson est passable; les indigènes cultivent une espèce de salade, les petits pois et plusieurs espèces de haricots; quelques jardins français commencent à fournir les légumes qui leur manquent. On n'est privé que de lait; déjà des Malabars établis à Haï-Phong se sont mis à traire les vaches du pays; on ne saurait manquer d'en faire autant bientôt à Hanoï, où l'hôpital à lui seul réclamerait une vacherie. En somme, la vie est facile; nous sommes ici dans une vieille et populeuse ville et non dans un de ces campements improvisés sur une plage déserte, où l'Européen est obligé de créer de toutes pièces ses moyens d'existence.

XII

LES INDUSTRIES INDIGÈNES

Les industries artistiques sont des industries
de luxe, et il semblerait que l'artisan qui s'y
livre doive avoir autour de lui, dans son installation, quelque chose de l'éclat des objets qu'il
fabrique. C'est une idée dont il faut se défaire
dans l'extrême Orient. L'artiste japonais et l'artiste chinois ne se distinguent pas des autres
ouvriers: leur demeure est aussi simple, ils travaillent en famille, aidés de leur femme et de
leurs enfants; c'est au même feu qu'ils cuiront

leur soupe et qu'ils fondront un bronze de prix.
A bien plus forte raison leur bien modeste confrère, l'artiste tonkinois, est-il sommairement
installé.

Sur le plancher, une natte pour s'accroupir;
au mur une image de sainteté barbouillée de
couleurs criardes, donnée par un missionnaire,
ou quelque panneau de laque noire sur lequel de
larges plaques de nacre vulgaire incrustées
figurent une branche d'arbre ou un buisson d'une
construction difficile à débrouiller; d'un côté, un
grand coffre, dont la peinture a été dévorée par
le temps et par la poussière, sur lequel on étale
dans le jour les objets à vendre et dans lequel
on les serre la nuit; parfois un bahut terminé
dont les nacres brillent comme des joyaux égarés
au milieu de cette misère; dans un coin, la pierre
à aiguiser les outils; dans un autre quelques
plateaux de bois qui attendent le rabot et le
burin, voilà tout le mobilier qu'on découvre
dans les vingt échoppes d'incrusteurs d'où sortent des meubles qu'un salon somptueux ne

juge pas indignes de lui. Le plancher mal joint
bâille par de grandes fentes noires, le torchis
boueux des murs s'écaille sur les treillis de
bambou, les piliers de la case sont des branches
rustes, la paillotte du toit est posée à cru sur
les perches, et les ouvriers sont à demi nus.
C'est la rusticité primitive dans toute sa candeur.

L'atelier est ouvert sur la rue, comme toutes
les autres habitations de Hanoï. Si vous ne
saluez pas en entrant, personne ne se dérange;
les Tonkinois se sont habitués à notre sans-fa-
çon de maîtres et de civilisés, ils continuent à
travailler au milieu des curieux. Si vous dites
bonjour, on vous répond : Bonjour, capitaine.

Toujours c'est une femme qui se présente
pour vendre, le plus souvent la mère ou la belle-
mère qu'on envoie chercher et qui arrive des
pièces du fond; une vieille ridée, sans chair sous
son parchemin jaune, dont le bétel a rongé entièrement les dents et dont les yeux pétillent de
malice. Quand vous demandez un prix, elle ne
fonde pas sa réponse sur la valeur de l'objet, car

les incrustations n'ont plus de valeur précise
aujourd'hui, mais sur le degré de naïveté ou
sur la vivacité de désir que votre visage trahit.
Elle vous examine et vous tâte du regard pour
ainsi dire. L'expédition a jeté sur le marché
cinq ou six cents acheteurs, qui veulent tous
emporter quelques incrustations et qui se dis-
putent celles qui se font avant même qu'elles
soient achevées. Il n'en existait point en réserve
dans les magasins et les ateliers sont peu nombreux, une vingtaine, comme je le disais, avec
peut-être cent cinquante ouvriers. Les demandes
dépassent donc de beaucoup les offres. Cette
rareté a fini par produire une sorte de folie
parmi vendeurs et acheteurs. Un vide-poche,
qui ne se payait encore que deux piastres il y a
quelques mois, ne s'obtient pas à dix aujour-
d'hui. Les prix actuels dépassent certainement
de beaucoup ceux auxquels il me semble que les
incrustations pourraient prétendre en Europe
en raison de leur intérêt. Les incrusteurs sont
ne passe de faire de grosses fortunes, grosses

pour des indigènes s'entend; il faut voir le contentement étonné et impossible à contenir, l'œil mouillé de plaisir des marchandes maniant les piastres sonores les soirs de recette.

Si vous n'achetez point, on ne vous en marque aucune mauvaise humeur, et vous pouvez regarder travailler les ouvriers. L'incrustation comporte quatre opérations principales : le dessin, le découpage de la nacre, le champlevage du bois et l'insertion de la nacre découpée dans les entailles. Les ouvriers médiocres se contentent de répéter de vieux dessins dont ils possèdent des copies; le mauvais goût chinois en a surchargé les motifs : feuilles, fleurs, papillons, insectes, sont entassés pêle-mêle et miroitent confusément; cette ornementation manque d'air et de parti pris. Les bons ouvriers conçoivent leurs dessins eux-mêmes, et quelques-uns d'entre eux sont arrivés à un sentiment décoratif d'une élégance et d'une sobriété qui font de leurs œuvres des objets d'art d'un réel mérite. Ki est en ce moment le plus habile et le plus célèbre.

Ils s'efforcent de varier leurs motifs, jusqu'ici un peu monotones, en étudiant les petits animaux que la nature leur offre et que leurs prédécesseurs n'avaient pas l'habitude de représenter. On sent encore chez eux une timidité de commençants dans la rigueur avec laquelle ils les placent presque toujours exactement soit de profil, soit de face ; mais il cherchent, ils s'ingénient avec bonheur et les productions actuelles sont incomparablement supérieures aux anciennes. Les reproductions de la personne humaine leur réussissent moins, parce qu'ils la bornent à des personnages qui semblent appartenir à la vieille histoire chinoise, car ils datent de l'époque où l'on ne portait pas encore la queue. Les silhouettes en sont par trop fantaisistes même pour un décor. Je n'ai pas vu que les incrusteurs aient jamais essayé des scènes de la vie intime, la seule dont ils aient la réalité sous les yeux.

Le choix de la nacre exige un œil d'artiste, il est aussi important que le dessin lui-même ; à distance, les détails de celui-ci ne s'aperçoivent plus, tandis que les nuances et les reflets de la nacre sont très sensibles et doivent former des combinaisons amusantes et harmonieuses. Les bons ouvriers y apportent tous leurs soins, ils mettent leur gloire à n'employer que de belles coquilles. L'huître perlière qui fournit les meilleures n'existe pas sur la côte du Tonkin; des marchands de Nam-Dinh, ville où l'on fabrique aussi des incrustations, la font venir de Saïgon et de Singapour. Les ouvriers sans scrupule préfèrent celles qu'ils se procurent à vil prix, l'huître commune, la moule; depuis que le laid se vend aussi sûrement que le beau, on voit paraître des incrustations bleuâtres dont les violents reflets criards sont une affliction pour les yeux. L'ouvrier brise les coquilles, assortit les morceaux de nacre qu'il en obtient, reporte dessus les fragments de son dessin dont ils devront prendre la forme et les découpe. Il les pince avec un étau composé de deux petits morceaux de bois que serre à volonté un anneau mobile, et il les entame avec une mauvaise lime.

Il est prodigieux de lui voir exécuter, avec un outillage aussi imparfait, des détails d'une grande délicatesse comme une tige de plante, un pédoncule de fleur, une antenne de papillon.

La nacre découpée, on la colle sur le bois, et, du bout d'un poinçon, on en trace sur celui-ci les contours avec une précision extrême; on la décolle et on entaille la planche au burin, suivant le dessin ainsi obtenu. C'est dans cette opération que l'ouvrier doit déployer toute son habileté, car, plus la nacre sera insérée exactement dans l'entaille, plus l'incrustation sera parfaite et recherchée. Quand les creux sont trop largement champlevés, on comble les vides avec de la laque qui ne tient pas toujours bien et tombe à la longue avec la nacre même. Le plus beau bois du Tonkin est le trac, qui est lourd comme de l'ébène, quoique d'un grain moins uni, et d'un ton brun rougeâtre chaud et robuste. L'avantage des incrustations qui ont quelques années d'existence est d'avoir subi l'épreuve du temps: le bois est parfaitement sec, et l'incrus-

tation qui n'a point bougé peut être considérée
comme indestructible. Les plateaux séchés longtemps à l'avance n'existent malheureusement
plus dans les ateliers; les demandes sont deve-
nues subitement si nombreuses que les provisions en ont été vite épuisées; les plus belles
incrustations d'aujourd'hui, exécutées sur bois
vert, donneront plus d'une déception à leurs
propriétaires.

On fabrique à Hanoï des bahuts dont les
formes laissent parfois à désirer, des vide-
poches généralement élégants, des boîtes de
toute sorte, des guéridons dont les modèles
ont été fournis par les Français, des plateaux à
thé. Le mal est que tous ces objets soient d'une
ébénisterie déplorable; les indigènes ne savent
ni tailler correctement une moulure, ni joindre
exactement ensemble deux planches, et le plus
grand service à leur rendre serait de leur donner
tout de suite des maîtres et des outils qui les
corrigent d'une infériorité choquante. Des
meubles dont on demande trois et quatre cents

francs sont déshonorés par des tares grossières :
il en est peu dont un amateur pourrait se contenter avant de les avoir fait retoucher par un
ébéniste plus habile.

———

Il est amusant de constater que, dans le langage courant de la curiosité, le mot ancien est
devenu synonyme de joli, de beau. Un bibelot
ne serait pas tenu pour estimable s'il n'était pas
ancien. C'est une sorte de snobisme à laquelle
peu de gens échappent.

Un des six cents amateurs qui se sont subitement révélés dans l'armée française au Tonkin
ne manque jamais de dire en montrant l'incrustation qu'il a achetée :

— C'est du vieux, c'est ancien.

L'objet est tout frais sorti de l'atelier, le bois
a les tons clairs du neuf. N'importe, le propriétaire tient à ce que ce soit ancien.

Il ignore qu'il n'existe pas d'anciennes incrustations tonkinoises et que les plus vieilles sont aussi les plus laides. M. de Kergaradec, autrefois résident de Hanoï, dans une note sur cette industrie, dit qu'elle a été introduite dans le pays il y a une soixantaine d'années seulement. Il trouve que les anciennes pièces ressemblent à des travaux du même genre fabriqués au Japon, et il mentionne l'opinion d'après laquelle les Japonais l'auraient enseignée aux autres peuples de l'extrême orient. Les officiers japonais attachés à l'état-major assurent qu'il ne se fait aucun travail semblable chez eux, leurs incrustations d'ivoire et de pierres fines ne ressemblent en rien à ces incrustations de nacre, et il est certain que les dessins communément employés par les incrusteurs de Hanoï ne portent pas la trace de la moindre influence de l'amour de la nature et de la libre et large exécution des artistes du Nippon.

Les premiers maîtres des Tonkinois ont dû venir de beaucoup plus près, de Canton, où il se fabrique depuis longtemps de grandes quantités de meubles incrustés. Mettez l'une à côté de l'autre une vieille incrustation tonkinoise et une incrustation cantonaise, vous ne les distinguerez point : c'est la même ornementation lourde où les formes sans cesse recopiées sur un modèle ne sont plus qu'une représentation sans saveur et quelquefois sans signification, c'est la même maladresse à faire jouer les nuances si délicatement variées de la nacre : elles sont ternes, voilées, pareilles à de l'os. De Canton, des ouvriers allèrent à Hué, travailler pour la cour. Et, de Hué, quelques-uns de leurs élèves vinrent à leur tour au Tonkin.

D'après M. de Kergaradec, les incrusteurs de Hué sont loin d'avoir fait les mêmes progrès que ceux de Hanoï.

———

Je ne saurais dire si ce qu'on appelle laque au Tonkin est la même substance que la laque de Chine et du Japon; cette gomme, que l'on recueille en grandes quantités dans les forêts de la région montagneuse, est recherchée des Chinois; il s'en expédie chaque année à Hong-Kong des quantités de plus en plus grandes. Il est donc probable que, ne fût-elle pas le produit des mêmes plantes, elle est susceptible des mêmes emplois. Les Tonkinois ne font point de beaux laques, ils ont encore beaucoup à apprendre pour égaler leurs voisins de Canton, inférieurs eux-mêmes aux laqueurs de Tokio. Les objets les plus soignés qui leur soient sortis des mains sont les meubles des pagodes et les planches à inscriptions; ils sont presque toujours en laque rouge; la nuance en est très belle dans les premières années, mais avec le temps elle noircit, s'enfume et perd tout agrément. Cette laque tient mal, elle se boursoufle, s'écaille; un vieux laque tonkinois est toujours un laque sans valeur.

Ce que l'on trouve de plus joli en ce genre, ce sont des boîtes ornées de dessins dorés. L'ouvrier à qui on les commande vous les livre dans la quinzaine qui suit; on a là le secret du

peu de durée de ces ouvrages ; un beau laque
du Japon demande trois ans à faire. Les Tonkinois fabriquent pour eux-mêmes de larges
boîtes rondes qni s'insèrent les unes sur les
autres par quatre ou cinq, de manière à former
une sorte de garde-linge. Le tour de ces boîtes
et le couvercle qui ferme la dernière reçoivent
des ornements de stuc en relief moulés sur des
planches gravées en creux ; ces applications
simulent très bien le bois sculpté. Elles sont
dorées quand la boîte est laquée de rouge, ou
laquées de rouge quand la boîte est dorée. Ce
n'est pas grand'chose que ces meubles ; mais,
de même que les incrustations, ils témoignent,
dans le peuple qui s'en entoure, d'un besoin du
joli et du don de le trouver.

Tous les six jours ou tous les cinq jours, je
n'ai pas pu savoir pourquoi les intervalles sont

quelquefois moins longs, tous les six jours ou tous les cinq jours, se tient le marché de Hanoï. Les marchands et les artisans de toute sorte viennent des campagnes environnantes et vont, les vendeurs de soie dans la rue de la Soie, les taillandiers dans la rue aux Cuivres, les fabricants de chapeaux dans la rue aux Chapeaux, chacun en un mot dans la rue consacrée à sa spécialité, et la ville est transformée en un immense bazar où va, vient, flâne, cause, marchande et bourdonne une population double de la population ordinaire, déjà si nombreuse et si fourmillante.

Ce jour-là, les petits marchands de la rue sortent par bandes on ne sait d'où. Il y a plus de joueurs de guitare à une corde, il y a plus de saltimbanques opérant tout nus sur un tapis usé, et il se fait une consommation beaucoup plus grande de bâtons de sucre filé, de nougats trempés de caramel, de vers à soie frits, d'hydrophiles aux ailes enlevées, de petits crâbes rôtis et de toutes les friandises tonkinoises dont se régalent les gens de la campagne à l'occasion de leur visite à la ville.

L'installation du marché ne coûte rien, elle ne réclame que le concours du beau temps. Le campagnard s'installe dans la rue, par terre, sa marchandise dans un linge ou dans une corbeille, ou dans la poussière s'il ne craint pas de la gâter. Autrefois la rue tout entière était envahie, mais depuis qu'on est exposé à voir arriver un Français à cheval, décidé à se faire ouvrir un chemin, on laisse un passage libre. Bien souvent nous sommes allés nous promener dans les rues où l'on vend les porcelaines, les faïences et les cuivres, poussés par le vague espoir de découvrir, dans la masse des objets vulgaires qu'on y expose, quelque objet de prix venu de la Chine ou du Siam par une série d'aventures et attendant qu'un amateur le tire de la crasse où le laissait son propriétaire, ignorant de sa valeur. Nous devons avouer que nous n'y avons jamais rien trouvé qui fût digne de figurer sur la plus modeste étagère. Les

indigènes accourus sur les talons de nos
soldats n'ont pas laissé une épingle à piller de
Sontay et de Bac-Ninh; et il n'est pas sorti
des maisons et des temples violés de ces deux
villes une pièce qui ait un autre mérite que
celui du souvenir. Pays riche et peuple pauvre,
de quelque façon qu'on l'examine, le Tonkin
ramène toujours à cette conclusion.

Les porcelaines viennent de Canton, elles sont
de l'espèce la plus commune; on ne fabrique au
Tonkin que de la faïence grossière. Il ne me semble pas qu'on ait jamais fondu beaucoup d'objets
en bronze dans le pays; tous les ustensiles anciens et nouveaux qui paraissent au marché sont
en cuivre. Quelquefois les ouvriers les fument et
leur donnent ainsi des teintes noires auxquelles
on peut se tromper au premier coup d'œil, mais
il est facile de s'assurer que c'est toujours du
cuivre. On fait de cette matière de grands plats
historiés d'arabesques au burin très simples;
des réchauds et des brûle-parfums de modèles
chinois et de la décoration la plus sobre; des

vases pour le bétel le plus souvent unis ; des chaufferettes rondes découpées à jour et contenant un ingénieux mécanisme qui empêche les charbons de tourner quel que soit le sens dans lequel la chaufferette est tenue ; quelques flambeaux bizarrement contournés, destinés aux pagodes ; des boîtes rondes pour différents usages et quelques objets de décoration pure comme des monstres aux airs de tigre, des dragons et des grues qui sont de plates copies du symbolisme chinois. Les surfaces des ustensiles qui, par la largeur des plans, appelleraient des motifs décoratifs n'en reçoivent presque jamais ; on est en présence d'un art primitif et encore tout d'emprunt. Des anses façonnées en forme de dragons, une sorte de salamandre se tordant sur la panse d'un vase, un monstre accroupi sur un couvercle, c'est tout ce qu'on rencontre.

J'ai visité un jour l'atelier d'un de ces fondeurs. Leur installation et leurs procédés expliquent qu'ils évitent tout travail qui demanderait quelque fini. Ils savent débarrasser les surfaces des impuretés que le moule y attache dans la fonte et les polir, mais, sitôt qu'il s'agit de nettoyer un creux, de raviver une arête, les outils et l'expérience leur manquent. Dans les pièces ajourées, comme les couvercles de brûle-parfums, les contours des jours restent bavochés; ils ne savent pas y donner un coup de lime. On sent peu dans tout cela l'effort vers l'expression d'un goût personnel; l'ouvrier n'est pas assez maître de son métier pour le transformer.

On en peut dire autant des cuivres niellés, plats et boîtes, que l'on trouve mêlés aux autres. Les Tonkinois leur donnent artificiellement une coloration rougeâtre, éteinte, très pauvre à voir, et les dessins ne s'élèvent pas, comme mérite, beaucoup au-dessus de ceux des poteries préhistoriques.

———

Cependant on trouve des traces d'une sculpture beaucoup plus savante au milieu de ce peuple.

Près du bastion de la citadelle qui touche au Grand Lac, sur l'angle même formé par le fossé et la nappe d'eau, s'élève, sous de vieux manguiers, une pagode que son apparence extérieure ne signale point d'une façon particulière. Une porte à deux battants vous fait pénétrer dans une vaste cour où l'herbe qui pousse entre les pavés, l'humidité qui monte aux murs verdis et le silence toujours pesant sous les grands arbres vous donnent la sensation de l'abandon et vous rendent pensifs. Un vieillard décrépit, qui semble être l'âme ruinée et mourante de l'antique édifice, vous ouvre la porte de la pagode au fond de la cour. On entre dans une obscurité profonde; le vieillard allume une bougie qui ne la dissipe point et vous aveugle dans le petit rayon qu'elle éclaire. Vous voyez, dans cette noirceur de caverne, reluire des reliefs dont les lignes se perdent dans les ténèbres et auxquels tout d'abord vous ne comprenez rien. Le vieillard promène sa bougie dessus, la hausse et l'abaisse, et vous donne verbeusement en annamite des explications que vous comprenez encore bien moins. Cependant, à la longue, vous vous rendez compte que vous avez devant vous une statue colossale et, après l'avoir examinée morceau par morceau, vous parvenez à reconstituer dans votre mémoire le geste et la pose de l'être qu'elle représente. Nous avons demandé à la regarder dans de meilleures conditions, mais on ménage, avec raison du reste, les sentiments des indigènes pour tout ce que notre protectorat n'a pas besoin de toucher; on les laisse donc libres de montrer leur statue comme il leur plaît. Ce serait cependant un service public à rendre à Hanoï que de la placer dans des conditions de lumière où l'on puisse la contempler à son aise; elle constitue la grande curiosité de la ville et elle est assurément un des spécimens les plus intéressants de la statuaire dans tout l'extrême orient.

Le personnage figuré est un guerrier dans cette attitude emphatique où la fixité du regard, le rapprochement des sourcils, les joues enflées, le gonflement des muscles, les plis ronflants des vêtements représentent, au sens des Chinois, la force et le courage. Les profils sont d'une décision magistrale, et la fonte est dans les parties que l'on voit bien d'une perfection admirable. C'est encore du chinois, c'est-à-dire quelque chose d'assez conventionnel et d'assez lourd dans sa masse, mais du chinois d'une très saisissante expression. La statue ne perdrait rien à être montrée au grand jour, comme c'était certainement sa destination première; les auteurs de ce chef-d'œuvre ne l'ont pas conçu pour l'enfermer dans une misérable charpente que ne perce pas la moindre fenêtre. J'ai cru reconnaître là le même esprit qui fait recouvrir d'ignobles morceaux de serge les grandes œuvres des églises de Flandre et d'Italie. En effet, le vieillard vous tend la main quand vous sortez.

La présence de ce colosse à Hanoï, isolé au milieu du Tonkin, loin de tout ouvrage du même genre, est une énigme. Une inscription développée gravée dans les parties basses aiderait sans doute à la résoudre. On raconte que M. Masse, qui a occupé ici pendant quelque temps les fonctions d'interprète et qui a étudié le chinois, a pris les mesures exactes de la statue et traduit l'inscription. Il lui a trouvé huit mètres d'élévation. L'inscription porterait qu'elle est la figure d'un général chinois qui commandait au Tonkin au xvii* siècle. Au cas où le fait serait vérifié, elle ajouterait à tous ces mérites cet intérêt tout spécial d'être consacrée à un particulier et non à un dieu, à un personnage divinisé ou à un prince, cas très rare dans l'extrême orient. Si M. Masse a fait le travail qu'on lui prête, il vaudrait la peine d'être publié; outre que l'inscription servirait à établir l'identité d'une œuvre d'art dont les dimensions rappellent les grandes statues de Siam et du Japon, elle doit contenir, comme tous les documents épigraphiques, quelque contribution d'une certitude incontestable à l'histoire tonkinoise, laquelle n'est pas très riche en documents de ce genre.

Si cette statue colossale est bien celle d'un général chinois commandant au Tonkin pendant une période d'occupation temporaire, son objet expliquerait qu'elle soit seule de son espèce dans le pays ; peut-être a-t-elle été exécutée par des ouvriers venus, avec le général, de la Chine où l'art de fondre de grandes pièces est connu depuis longtemps. Ils seraient venus et repartis, ne laissant pas d'autres traces de leur passage que le colosse pour lequel ils avaient été appelés. Ils n'ont rien enseigné aux artistes locaux et ceux-ci n'ont rien appris d'eux. J'allais oublier de dire que la statue est connue à Hanoï sous le nom de Grand Bouddha, et la pagode qui la renferme comme la pagode du Grand Bouddha. A coup sûr, le pacifique Sakyamouni n'est pour rien dans l'affaire.

———

S'il reste douteux que cette œuvre, si mystérieuse dans sa solitude, soit une œuvre vraiment tonkinoise, il en est d'autres et qui abon-
dent dont on ne peut faire honneur qu'aux
artistes du pays. Ce sont les images de dieux, de
génies et de personnages honorés comme des
génies qui remplissent certaines pagodes. A côté
du soi-disant Grand Bouddha même, dans cette
pièce noire où on le tient enfermé, est une statue
de pierre remarquable, représentant un personnage de grandeur naturelle accroupi. C'est très
probablement un portrait; la tête est traitée
dans un sentiment d'énergique réalisme et l'expression intime du caractère est poussée à un
degré de vérité et de vie surprenant. Je ne sais
si un séjour dans l'extrême orient m'a gâté le
goût ou déformé la mémoire, mais il me semble
qu'elle se tiendrait assez bien à côté de certains
morceaux célèbres de la statuaire ascétique es-
pagnole. Au reste, je n'en ai pas retrouvé d'autre au Tonkin qui lui soit comparable.

La matière généralement employée pour ce

images des pagodes est le bois ; tantôt on le peint
de couleurs appliquées avec un vernis assez
épais, tantôt on le recouvre d'une véritable
couche d'une sorte de stuc. Des procédés pareils
sont difficilement compatibles avec un art très
fini ; le vernis arrondit les arêtes, remplit les
creux et ôte toute vigueur au ciseau ; quant au
stuc, il ne se prête pas à un modelé bien énergique. En dépit de cette infériorité radicale,
beaucoup de ces statues, par le sérieux des sentiments exprimés et par le naturel des gestes,
sont intéressantes. J'ai vu la célèbre pagode des
Cinq Cents Génies, à Canton, où sont réunies des
figures assez grandes, que l'on dit être au nombre de cinq cents. Ce ne sont que d'informes
ébauches auprès des figures tonkinoises. Dans
ce genre, de même que dans les incrustations,
nos nouveaux protégés témoignent d'une véritable originalité dont on peut juger à la pagode
de Hanoï appelée la pagode des Supplices.

Malheureusement, l'état de guerre incessant
où le Tonkin est depuis une dizaine d'années

n'est pas très favorable aux manifestations artistiques. J'imagine qu'on a peu construit de pagodes et fort peu demandé de statues pendant
cette période. Les sculpteurs sont morts ou sont
dispersés, et il n'existe plus, à Hanoï, d'ateliers
qu'on puisse visiter. J'eusse été fort curieux de
voir comment ces artistes naïfs travaillaient et
jusqu'à quel point ils étaient partagés entre le
respect des formules apprises et le souci de la
réalité; il me semble que ce dernier devait
les tourmenter quelquefois. Fermés aussi sont
les ateliers où l'on sculptait les tables d'autels
et les autres meubles sacrés; on y fouillait le
bois assez savamment; et, de ci de là, dans
quelques-unes des pagodes de Hanoï, on rencontre des panneaux décorés avec un goût
simple qui surprend agréablement au milieu
des imitations chinoises gauches et surchargées.
Le temps de ces sortes de travaux est fini et je
n'en ai plus trouvé en fabrication dans la ville;
construira-t-on et ornera-t-on encore des pagodes désormais? Quand un peuple perd sa

nationalité, il est bien rare que sa foi religieuse ne soit pas frappée au cœur en même temps.

———

Le jour de. marché, la rue de la Soie reluit comme la caverne d'Ali-Baba. Sous l'auvent de leur boutique on dirait que les marchandes brassent de vieux ors ; la soie tonkinoise, d'un jaune au doux éclat, semble faite de rayons, et, si l'on pouvait fixer et conserver cette teinte naturelle, on en tisserait des étoffes couleur de soleil comme celles dont parlent les contes de fées. Les paysans apportent de la campagne leurs écheveaux tordus en cordelettes, et ce sont, sur les pauvres nattes, des débauches de riches nuances à rendre fou un peintre ou un avare.

Le négociant européen, qui n'a que faire de poésie, juge cette soie en homme pratique ; elle est forte, d'une solidité supérieure aux soies de la Chine, mais elle a un grand défaut ; elle est mal dévidée, le fil est très inégal. Les Tonkinois font cependant des tissus assez fins qui s'exportent en Cochinchine ; ils avaient même la spécialité de fournir la cour de Hué de belles étoffes, et les chercheurs mettent parfois la main sur des gazes brochées de satin, destinées aux robes d'apparat, qui ont un vrai prix. Leurs teinturiers ont le secret de quelques belles couleurs, des bleus, des rouges oranges et des verts. La production courante est telle qu'on peut l'attendre d'un peuple qui était voué par système aux apparences de la pauvreté, aux nuances tristes et effacées. C'est sous forme de cocons et de filés que la soie du Tonkin s'en ira en Europe ; la région dont Nam-Dinh est le centre est dès maintenant couverte de mûriers ; elle en fournira autant qu'on lui en demandera.

On tisse peu dans la ville même, je n'y ai découvert qu'un ou deux métiers. Les ateliers de brodeurs, dont l'industrie est toute de luxe, sont beaucoup plus nombreux. J'ai vu quelques vieilles broderies de pagode aux teintes apaisées et quelques vêtements d'acteurs assez beaux, mais il ne se fait rien actuellement de semblable. Les ouvriers ne sont occupés que de commandes françaises, tapis de table, bordures de rideaux, couvertures de lit; ils brodent à la soie sur des étoffes de soie ou sur de la flanelle rouge. Ils réussissent dans le genre camaïeu; mais lorsque, à l'imitation des artistes qui sont une des gloires de Canton ils veulent essayer des représentations de fleurs et d'animaux avec les couleurs naturelles, ils sont d'une maladresse barbare. Je ne sais s'il naîtra jamais de grands coloristes sur les bords du fleuve Rouge : un ciel si souvent terni de brumes et de pluies, un paysage monochrome avec l'éternelle rizière et l'éternel bambou, des eaux troubles et opaques, une terre rougeâtre qui salit tout de son ton neutre, une race qui a pris l'habitude des vêtements sombres; l'éducation de l'œil est bien difficile dans un tel milieu.

Incrustations, sculptures, broderies : arts naissants dont le premier approche déjà de la perfection d'exécution! Progresseront-ils encore? Ceux qui croient en l'avenir du Tonkin l'espèrent, convaincus que, puisque la graine a germé dans les temps difficiles, la plante ne peut manquer de grandir quand on en favorisera la croissance. Le pays regorge de population, il est menacé de pléthore; l'agriculture occupe probablement dès aujourd'hui tous les bras qu'elle peut occuper, d'autres moyens d'existence seront nécessaires à ces masses pullulantes qui débordent des villages du Delta. Les mines prendront sans doute une partie du surcroît des habitants quand nous les aurons ouvertes; diverses industries, et, dans le nombre, les industries d'art, devront en employer une autre.

Le milieu était si peu propice à ces dernières que, de ce qu'elles existent quand même, on peut vraiment attendre beaucoup d'elles. Qui dit art sous-entend luxe, car la formation des artistes est prosaïquement influencée par la quantité des demandes. Point de débit, point d'art. Au Japon, une aristocratie brillante; en Chine, une cour somptueuse, des mandarins vivant en princes, de riches marchands ont depuis de longs siècles sollicité et soutenu la production des belles choses. Au Tonkin, rien de pareil; le commerce, presque toujours proscrit, n'a point créé de grandes fortunes, il n'y a point de grandes propriétés territoriales et les mandarins, surveillés par une cour rapace, affectent un train médiocre. Comment l'art serait-il sorti des balbutiements dans des conditions pareilles? A qui se serait-il adressé?

La situation vient de changer brusquement; nous ouvrons le pays, nous appelons les indigènes à la libre jouissance des richesses de leur sol. Il me semble que nous aurions intérêt à ne pas laisser abandonné cet instinct artistique qu'ils révèlent. Ce n'est pas que les industries dont je viens de parler soient de celles qui puissent jamais donner lieu à un chiffre bien consi-

dérable d'affaires; mais, outre que nous con-
tractons des obligations envers cette population
en nous chargeant de la protéger, c'est-à-dire,
pour aller au fond des choses, de son sort, il est
toujours plus profitable de trafiquer avec des
producteurs habiles qu'avec des barbares. Ainsi
la soie tonkinoise est mal dévidée, le fil est d'iné-
gale grosseur, ce qui sera un retard des plus
fâcheux au développement d'un commerce ap-
pelé très probablement à fournir un jour la part
la plus considérable des affaires faites directement entre la métropole et la colonie. Qu'est-ce,
cela, sinon une faute de goût? Une meilleure
éducation artistique aurait fait souhaiter des
étoffes plus fines, et, pour avoir des étoffes plus
fines on aurait cherché à obtenir un fil régulier. Il ne serait pas difficile de trouver d'autres exemples de ce genre. Tout se tient dans la
cervelle d'un peuple, et le goût qu'on y affine
se ressent souvent jusque dans les choses pour
lesquelles il semblerait parfaitement inutile.

Nous aurons dans les Tonkinois des élèves

très dociles et très avides d'apprendre. L'ardeur avec laquelle ils cherchent à se rendre compte de la façon dont sont fabriqués les objets nouveaux que nous introduisons parmi eux est vraiment touchante. Un jour que j'avais donné une veste à réparer, et que j'en eus besoin avant l'heure fixée pour la rendre, je l'envoyai chercher chez le tailleur ; le tailleur accourut s'excuser en me disant qu'il l'avait prêtée à un confrère. Nous allâmes chez le confrère, mais celui-ci l'avait déjà lui-même prêtée à un autre. Elle courait Hanoï ainsi à titre de modèle ; les tailleurs se hâtaient de découper des patrons afin d'essayer d'en faire de semblables. — Pendant qu'on aménageait notre pagode, je fis plusieurs fois aux ouvriers des dessins pour leur montrer comment nous construisions nos plans avant de passer à l'exécution. Ils écoutaient mon interprète avec une curiosité extrême, redemandaient des explications, refaisaient des plans eux-mêmes ; puis, quand ils trouvaient une occasion de se servir de mes tracés, riant et tout fiers en même temps, ils me montraient qu'ils avaient compris. Dès qu'un modèle tombe entre les mains de l'un d'eux, il émeut toute la corporation qu'il intéresse, les amis en demandent une copie comme une faveur. Ce sont des singes, disent les malveillants et les superficiels. Non, ce sont des intelligences très éveillées.

Que nous initiions les tailleurs et les bottiers à nos modes et à nos besoins, rien de mieux; mais, pour toutes les industries qui touchent à l'art par quelque côté, j'estime qu'il faudra les garder de notre influence comme de la peste. On a donné beaucoup de petits souvenirs à faire aux brodeurs, et l'on ne saurait imaginer combien est laid ce qu'on a obtenu d'eux; les illustrations naïves que les matelots se font tatouer sur le bras, ou que les soldats se font peindre sur un papier pour envoyer à leur famille, les trophées de haches et d'ancres, les couronnes de laurier enguirlandant des dates ou des devises, les représentations de cavaliers, de fantassins ou de marins, les figures de femmes

où le pioupiou retrouve par à peu près le portrait de sa payse, toute cette imagerie chère à
la flotte et à l'armée françaises, exécutée par les
brodeurs annamites, donne des produits aussi
pénibles à voir qu'une langue l'est à entendre
dans une bouche qui ne la sait pas et qui
l'estropie. On dira que les modèles français ne
valaient pas grand'chose eux-mêmes; mais
quelques officiers ont fourni, pour des tentures
et pour des tapis de table, des dessins d'une plus
haute prétention et les résultats sont aussi
tristes. Je ne crois pas que notre art décoratif
et encore moins nos façons de traiter la figure
humaine, enseignés aux Tonkinois, puissent
produire d'autre conséquence que de leur ôter
leur originalité sans leur donner aucune qualité
d'aucune sorte.

Le profond abîme entre eux et nous vient
toujours de ce que nous n'avons rien de commun dans le passé et rien de commun, par
conséquent, dans la structure du crâne, résultat
des habitudes d'esprit nées et fortifiées dans ce

passé. Nos arabesques et nos entrelacs sont des combinaisons de lignes dont des milliers d'exemples, mis par notre civilisation sans cesse sous nos yeux, nous ont appris à goûter les harmonies géométriques; nos rinceaux et nos fleurons sont tirés de feuillages et de fleurs qui nous sont familiers et dont nous pouvons toujours retrouver la forme primitive sous les arrangements dans lesquels la fantaisie les mêle et les tord. Tout cela est ignoré du Tonkinois et ne représente pour lui que des choses étrangères qu'il est incapable de traiter suivant son tempérament-personnel, puisqu'il n'a jamais été et ne sera jamais à même de les observer pour son propre compte. Il s'astreint à les copier servilement parce que, s'il s'écartait de son modèle, il ne saurait plus que faire, étant placé en plein inconnu. Il copie, et gauchement, en homme qui ne comprend pas ce qu'il copie.

Pour la figure, il comprend bien moins encore; notre dessin a deux préoccupations : tantôt celle d'un idéal de beauté qui restera éternellement inaccessible au Tonkinois, puisque, appartenant à une race incurablement laide, jugée au point de vue de cet idéal, il lui faudrait, pour le sentir, qu'il réussisse par commencer à se renier lui-même, ce qui est impossible, antinaturel, et j'ajouterai ce qui n'est pas désirable; tantôt celle du caractère, c'est-à-dire de la concentration, dans une figure particulière, des expressions propres à des catégories de sentiments, d'idées ou d'individus. Or la race jaune ne s'est montrée capable, jusqu'à présent, que d'aligner des faits les uns après les autres, sans parvenir à s'élever jusqu'aux lois qui les dominent; elle est rebelle à la généralisation, et par conséquent à l'opération d'esprit nécessaire pour dégager le caractère d'un sujet. Notre dessin est donc parfaitement impénétrable aux malheureux auxquels nous prétendons l'apprendre.

Pour instruire des jaunes, c'est à des jaunes qu'il faut s'adresser, aux maîtres incomparables de cette grande division de la famille humaine, aux Japonais. J'imagine que, lorsqu'une invasion heureuse mit pour la première fois les habitants du Nippon en rapport avec les Coréens, l'état de l'art était encore bien moins florissant chez eux qu'il ne l'est aujourd'hui au Tonkin. Il en coûterait bien peu soit pour envoyer quelques élèves tonkinois à Kioto et à Tokio, soit plutôt pour faire venir des artistes de ces deux villes à Hanoï. La vie japonaise est aussi simple que la vie tonkinoise, et ces maîtres auraient peu de peine à s'acclimater sur les bords du fleuve Rouge. Ils y apporteraient ces modèles précieux accumulés par plusieurs siècles de productions glorieuses que la gravure sur bois à bon marché a popularisés parmi eux, modèles d'un esprit frère de celui des Tonkinois et compréhensibles pour ces derniers. Ils y introduiraient dans le travail des métaux ces procédés savants dont quelques-uns sont encore inconnus à l'Europe elle-même, et, dans le travail du bois et de la laque, cette dextérité de main, cette justesse de facture et cette patience d'exécution qui en font les premiers menuisiers et les premiers laqueurs du monde. Ils y enseigneraient cet amour de la nature, cette passion à l'étudier dans ses aspects pittoresques, et cette fidélité à la reproduire qui les ont conduits jusqu'au génie dans la décoration.

On ne ferait pas de mauvaises copies du Japon au Tonkin comme on y fait déjà de mauvaises copies d'Europe : on y ferait du tonkinois, car cet instinct artistique qui se révèle de tous côtés dans la race ne saurait faire faillite le jour où il serait intelligemment fécondé. C'est un rêve que j'ai souvent fait dans mes promenades de Hanoï, en voyant ces pauvres artisans si pleins de bon vouloir dans leurs pauvres échoppes, entourés de plus d'images de misère que d'idées de beauté, arriver à exécuter, avec leurs misérables outils, des pièces d'un goût si décidé. Et n'ayant pas d'autre moyen d'en servir la réalisation, je le publie.

XIII

L'OCCUPATION DE HONG-HOA. —
NAVIGATION SUR LE FLEUVE ROUGE.

7 avril.

Je suis malade. La dyssenterie m'a pris pendant notre première nuit dans la rizière, quand
l'armée allait à Bac-Ninh; je ne puis m'en débarrasser. Un médecin m'explique que mon
corps est un groupe de combinaisons chimiques,
que ces combinaisons chimiques placées dans
certaines conditions ont été modifiées, d'où la
maladie. Il m'administre en forme de médica-
ments d'autres combinaisons chimiques qui

rétabliront peut-être en leur état premier mes combinaisons chimiques à moi, d'où s'ensuivra la guérison. Les conclusions de la science contemporaine sont quelque chose d'assez semblables à la simplicité de mon médecin; je trouve cela très bête sans que je sache que répondre. Ce que je lui opposerais serait tout aussi absurde. Mais ce que je sais bien, pour le sentir tristement en ce moment par moi-même, c'est que la santé et la force sont l'idéal de la nature vivante et que c'est une humiliante déchéance que de les perdre.

Les combinaisons chimiques du médecin sont sans effet sur les miennes. Le flux de sang ne s'arrête point. Depuis deux jours j'entends les clairons qui emmènent les soldats. Le général Brière de l'Isle est parti d'abord, et puis le général de Négrier; en traversant les rues de la ville, les clairons sonnent les fanfares des vainqueurs aux oreilles des Annamites. Puis mes compagnons se sont mis en route à leur tour, emmenant mon cheval, pour le cas de plus en

plus improbable où je les rejoindrais. Aurai-je
donc fait quatre mille lieues pour rester couché
sur un lit à Hanoï pendant qu'on se battra ?

---

13 avril.

Je suis venu à Hong-Hoa tout de même. J'ai
mis mon matelas dans un sampan, j'ai attaché
mon sampan aux flancs d'une chaloupe à vapeur
chargé de remorquer du pain ; on n'est pas plus
mal dans une barque que dans une chambre,
quand cette chambre est un coin de pagode au
Tonkin.

La chaloupe était montée par trois Français
et trois Annamites. Le quartier-maître qui remplissait l'office de patron était brouillé avec le
mécanicien ; ces deux hommes, dans cette coquille de noix, où leur existence s'écoulait sous
les yeux l'un de l'autre, gaspillaient follement
les quelques plaisirs que leur aurait procuré la

camaraderie; ils vivaient solitaires, n'échangeant que les paroles strictement nécessaires pour le service. L'un mangeait à l'avant, l'autre à l'arrière; le matelot, qu'ils avaient en tiers, pour ne se brouiller avec personne, se tenait entre les deux et ne disait jamais un mot.

Au commencement de la première nuit, je fus réveillé brusquement; la quille grinça quelques secondes dans le sable, et s'arrêta tout d'un coup solidement plantée dans un banc. Je sortis de mon sampan; la nuit était claire; le mécanicien se frottait joyeusement les mains; se penchant vers moi, il me dit en me désignant du regard le quartier-maître :

— L'idiot! il a encore échoué une fois.

Le quartier-maître donna un moment à la colère; le pilote indigène, tremblant de l'entendre jurer, se faisait aussi petit que possible derrière la roue du gouvernail. Ce n'est pas toujours la faute de ces pauvres diables si les bateaux touchent; le fond du fleuve, bouc liquide ou sable très meuble, varie incessamment; un

banc sé forme un matin et s'en va le soir. Il
arrive qu'un bâtiment qui était échoué la veille
se retrouve le lendemain avec un ou deux mètres d'eau sous la quille. Ensuite, on essaya de
tous les moyens de déséchouement que suggé-
rèrent l'expérience ou l'imagination : machine
en avant, machine en arrière, halage sur l'ancre,
balancement de l'embarcation pour lui faire un
lit dans le sable, poussée à la perche ; de neuf
heures du soir à minuit, le malheureux quartier-maître haleta ; le mécanicien s'amusait sous
cape ; le matelot muet peinait sans les regarder
ni l'un ni l'autre, de peur qu'on ne lût une opinion dans ses yeux. Le bateau restait plus solide
sur son banc qu'une statue sur son socle. Le
quartier-maître décida à la fin que le pilote irait
avec mon sampan chercher des secours aux environs.

Une brume légère, pareille au voile où flot-
tent les rêves, attendrissait le bleu du ciel, et,
derrière, la lune ressemblait à une énorme
boule d'or qui s'émiettait silencieusement. Une

fine poussière d'un blond pâle en ruisselait, et en ruisselait sans relâche, faisant resplendir un pan de la brume de son impalpable cascade. Et cette poussière tombait dans le courant; et le courant d'or pâle, à son tour, reluisait entre ses rives noires; on eût dit que c'était la lune elle-même, liquéfiée, qui descendait à travers les champs du ciel et venait à nous, roulant avec un sombre éclat par le lit du fleuve. Les bords plats, noyés dans les ténèbres, laissaient tout de suite la place aux perspectives infinies ouvertes sur les espaces vaguement lumineux; le silence était extraordinaire; ma maladie m'était douce et il me semblait qu'il aurait été bon de mourir pour se dissoudre au sein de ce spectacle et se mêler aux choses.

Nos deux rameurs tonkinois avaient les gestes lents des gens à qui il est indifférent d'être en un endroit plutôt qu'en l'autre; leurs avirons coupaient l'eau sans faire de bruit; le pilote, accroupi sur l'avant, immobile, interrogeait patiemment l'horizon du regard. Nous allâmes longtemps ainsi. A la fin, nous découvrîmes un tas de formes rondes ramassées sur le bord comme un troupeau de gigantesques tortues. C'étaient les couvertures en bambou des sampans d'un village de pêcheurs. Les chiens se mirent à aboyer avec fureur; alors notre pilote appela au secours, mais il n'y aurait eu que des morts dans les embarcations qu'elles ne seraient pas restées plus tranquilles. Le pilote sauta à l'eau en hurlant des injures, il alla de sampan en sampan secouer les dormeurs. Quand il entrait par l'avant, je voyais, du milieu du fleuve où j'étais resté, les hommes filer prestement par derrière et les femmes accueillaient l'importun déçu par des rires moqueurs. Il donnait des chasses à travers la flottille et finissait toujours par attraper un fuyard. Sitôt que celui-ci se voyait pris, il cessait de courir et ne résistait point, il venait docilement à la barque où le pilote rangeait ses prisonniers. La crainte de toute autorité est telle chez les Annamites, qu'il suffit d'un boy de dix ans pour réquisitionner de vigoureux coulis sur une route ; tant qu'il espère échapper par la fuite, l'homme court ; dès qu'il a senti la main de l'enfant s'abattre sur lui, il s'arrête avec résignation et se laisse conduire et battre par un morveux qu'il enlèverait entre ses deux doigts.

Le quartier-maître fit mettre à l'eau les auxiliaires ainsi racolés. Le matelot silencieux leur donna l'exemple ; il ôta ses vêtements et se jeta à la rivière, plongea joyeusement une ou deux fois comme un être qui retrouve son élément préféré, toussa, éternua, et vint diriger la manœuvre. Les pêcheurs passèrent de gros bambous sous l'arrière de la quille et poussèrent lentement le bateau à la force des leviers. Quand on le sentit flotter enfin de nouveau, tout le monde poussa un cri de joie, auquel les indigènes s'associèrent avec des piaulements d'enfant qui s'amuse.

Nous n'étions pas en marche depuis une heure que je fus de nouveau éveillé ; le bateau, comme un monstre frappé à mort, dérivait sans force, gagné par le courant. La lune avait descendu; elle était maintenant sur l'horizon, pareille à l'ouverture ronde d'une urne, d'où s'épanchait le fleuve toujours luisant des mêmes reflets d'or pâle.

Cette fois, c'était le quartier-maître qui se frottait les mains et le mécanicien qui était en colère. Le matelot, impartial comme un Terme, était toujours entre les deux, regardant dans le vide.

— Cet imbécile est incapable de conduire une machine, me dit le premier en me montrant son ennemi; il y a encore quelque chose de cassé.

Trois fois on éteignit les feux et trois fois on les ralluma, le mécanicien croyant avoir trouvé la cause de l'arrêt et s'étant trompé. Découragé, il proposa d'attendre le jour; nous mouillâmes à une demi-heure de Sontay. Le lendemain matin, il découvrit et répara l'avarie.

Sontay se repeuple lentement ; sa physionomie n'avait pas beaucoup changé depuis deux mois que nous l'avions visité, sauf que la végétation, maintenant luxuriante, avait caché, sous ses festons verts, les ruines que nous avions vues encore dans leur première horreur. Le colonel Dulieu, commandant supérieur, avait fait percer de larges rues et nettoyer la ville, mais les habitants ne revenaient point ; peut-être Sontay, occupé depuis dix ou douze ans par les Pavillons noirs, était-il depuis longtemps abandonné par les Tonkinois et les cases vides sont-elles sans propriétaires véritables. Le colonel nous fit part d'une observation curieuse : d'innombrables corbeaux perchent ordinairement dans les arbres de la citadelle et des pagodes ; depuis le passage des deux brigades, ils avaient disparu, d'où l'on concluait qu'ils avaient suivi l'armée dans l'espoir de se repaître de cadavres.

Au delà de Sontay, le mécanicien eut encore lieu de se réjouir aux dépens de son camarade ; et le quartier-maître eut encore occasion de prendre sa revanche. Cinq fois nous échouâmes. Quand l'avant du bateau était peu enfoncé dans le sable, les hommes dansaient sur l'arrière pour l'en dégager. Il y avait je ne sais quoi de macabre, de comique et de poignant à la fois à voir ces pauvre diables en détresse, irrités de tant d'accidents, simuler des gestes qui sont le propre de la joie et du plaisir. Le soir, le quartier-maître, intimidé, s'arrêta et nous passâmes la nuit, mouillés près du bord.

Le lendemain nous trouvâmes à l'ancre, à l'embouchure de la rivière Claire, la *Hache* et le *Yatagan*, qui n'avaient pu remonter plus loin. La rivière ne ment point à son nom. C'était la première eau bleue et limpide que nous découvrions au Tonkin. Elle descend des montagnes à travers de grands rochers sur un lit de cailloux très resserré et très profond. Elle nourrit des poissons célèbres parmi les indigènes et dont on ne retrouve l'espèce que dans les rivières de Chine, ce qui leur a fait croire à l'existence d'une communication souterraine entre leur pays et le Céleste Empire. Nos équipages ne peuvent en ce moment vérifier cette réputation culinaire. — C'est la saison où le poisson est retourné en Chine, on n'en prend plus, disaient les pêcheurs.

Cette eau claire, si séduisante à l'œil qui la compare aux flots troubles du fleuve Rouge, n'est pourtant point bonne à boire. Elle donne des boutons, ce qu'on attribue, un peu légèrement sans doute, à ce fait qu'elle passerait sur des gisements de mercure.

Des radeaux de toutes sortes attendaient derrière les canonnières que l'expédition de Hong-Hoa fût terminée pour descendre à travers le pays pacifié. C'est merveille de voir combien la vie est intense ici; sous les apparences de mort de la guerre, elle fermente comme la sève prête à rompre l'écorce au premier rayon de soleil. Depuis deux jours, le fleuve, désert jusque-là au-dessus de Sontay, s'est couvert d'embarcations qui surgissent de partout. Les radeaux de la rivière Claire descendent dans le bas pays avec

des pièces de bois de charpente de toute beauté,
des madriers qui ont vingt mètres de long, des
bambous, des rotins aussi longs, aussi souples
et plus résistants que des cordes, des feuilles
d'un certain palmier avec lesquelles on fait des
toitures, des chapeaux, des manteaux grossiers.
Pour tous ces articles qui lui sont de première
nécessité, le Delta est tributaire de la montagne,
il ne saurait se passer d'elle; et c'est là une des
raisons de regarder comme un projet incon-
ciliable avec la réalité l'occupation restreinte qui
sépare deux régions que le besoin a de tout
temps réunies.

Vers midi, nous atteignîmes le confluent du
fleuve Rouge et de la rivière Noire, où une quinzaine de chaloupes et de canonnières étaient
réunies. De là on aperçoit le mirador de Hong-
Hoa, une tour de brique rouge au milieu d'arbres
verts sur la berge gauche profondément entail-
lée du fleuve. Nous avions mis cinquante et une
heures pour faire environ cinquante kilomètres;
par nos misères on peut juger des fatigues par-

ticulières de cette expédition. Pour Bac-Ninh, c'était la difficulté des transports par terre; pour Hong-Hoa la difficulté des transports par eau. Il est vrai qu'avril est la fin extrème de la saison sèche, le mois de l'année où le fleuve est le plus bas.

———

Les Chinois doivent être des mathématiciens fort distingués. Avant une affaire, il semble qu'ils fassent le calcul des chances qu'ils ont pour eux; si les chances contraires l'emportent, ils se retirent sans vergogne. Le patriotisme ne les influence pas; le point d'honneur, qui suffit à donner du courage à des mercenaires, leur est inconnu. Léonidas n'aurait jamais recruté trois cents hommes sur les bords du Yang-Tse. Les défenseurs de Hong-Hoa, jugeant d'avance la partie perdue, avaient évacué la place à la première nouvelle du départ de notre armée de Hanoï. D'après le plan du général en chef, le général de Négrier devait attaquer de front, tandis que le général Brière de l'Isle, traversant la rivière Noire à dix kilomètres au-dessus de son embouchure devait exécuter un mouvement tournant. Le 11, deux batteries canonnèrent la place qui ne répondit point ; le 12, le général de Négrier y pénétra sans tirer un coup de fusil. Luh-Vinh-Phuoc avait fui avec ses Pavillons noirs du côté de Lao-Kaï, tandis que le prince Hoang-Ké-Vinh regagnait le Than-Hoa avec ses bandes annamites. Du haut du mirador on aperçut, disparaissant dans les villages de la rive gauche, une poignée d'incendiaires qui avaient brûlé la ville avant de se sauver.

·La citadelle de Hong-Hoa est presque aussi grande que celle de Sontay, mais elle n'est point bastionnée, et la ville est très petite : deux pâtés de maisons à la chinoise, brique et tuile, et de misérables paillottes dispersées au milieu des jardins d'une végétation luxuriante, le tout pouvant contenir 2 à 3000 habitants. Bien des villages du Delta ont une autre importance. Les montagnes bariolées, tantôt noires sous un manteau de sombres forêts et tantôt rousses sous une toison d'herbes hautes de six pieds, commencent tout près. Le site mouvementé délasse de l'éternelle plaine qui s'étend de là jusqu'à la mer[1].

———

18 avril.

Pas plus qu'après la prise de Bac-Ninh, on n'a essayé de pousser plus loin après la prise de Hong-Hoa. La saison des pluies va arriver, et c'en sera fait des opérations militaires pour quelques mois. Et je n'ai pas plus de confiance aujourd'hui qu'il y a un mois dans le système

1. Je ne veux point laisser passer ces notes sur l'occupation de Hong-Hoa sans y ajouter mes remerciements à l'adresse du colonel Guerrier, le chef d'état-major du général Millot. Je l'avais connu en Khroumirie et je fus heureux de le retrouver au Tonkin. Sans la bienveillance affectueuse qu'il m'a témoignée pendant toute la campagne, il m'aurait été impossible, malade et ne pouvant tenir à cheval, d'aller à Hong-Hoa.

qui consiste à ne point sortir du Delta. J'écris au *Temps* :

« Cette trêve imposée par la nature est-elle le prélude de la pacification définitive? Je ne veux pas me mêler d'être prophète; cependant je ne saurais m'empêcher de dire que je le souhaite plus que je ne l'espère. Certes, il peut arriver que la cour de Hué se résigne enfin franchement à notre domination, que la Chine renonce à des prétentions qu'elle ne peut soutenir, que les Pavillons noirs se dispersent pour chercher des moyens d'existence plus honorables que le brigandage. Nous nous sommes chargés de la sécurité au Tonkin; or, dans certains cas qui pourront fort bien se présenter, l'état actuel de notre occupation ne nous permet pas de l'assurer sans nouvelles expéditions. Supposez que la cour de Hué ne se résigne point et continue à intriguer contre nous; que, par exemple, elle fasse, ou tout au moins laisse massacrer les chrétiens du Thanh-Hoa parce qu'ils sont suspects de sympathie pour nous. Supporterons-nous ces massacres à quelques lieues de nos garnisons? Non. Supposez que les Chinois s'établissent fortement à Lang-Son ou à Cao-Bang et rendent inabordables les districts miniers où plusieurs de nos compatriotes se disposent à aller en exploration. Tolèrerons-nous longtemps qu'ils nous privent et d'une des richesses les plus certaines du Tonkin et d'une des sources de revenu les plus productives du futur budget colonial? Non. Supposez que les Pavillons noirs se retranchent sur le fleuve Rouge, entre Hong-Hoa et Lao-Kaï, qu'ils construisent dans cette région un nouveau Sontay, que, comme par le passé, ils ruinent le commerce indigène avec le Yunnan par des droits de douane oppressifs et qu'ils ferment complètement la route au commerce européen. Nous laisserons-nous priver du plus brillant avantage de la possession du Tonkin, celui qui excite d'une façon toute particulière la jalousie des Anglais, l'accès aux provinces occidentales de la Chine? Non encore.

» De sorte que, si l'on me demandait si l'expédition du Tonkin est terminée, je serais embarrassé pour répondre.

» Ah! dirais-je, si nous avions fait le nécessaire pour rendre de tels événements impossibles, si nous occupions Lang-Son, Thaï-Nguyen, Tuyen-Quan et Lao-Kaï, si nous avions mis un résident auprès de chaque gouverneur de province pour surveiller sa conduite, si nous étions établis à Hué assez fortement pour obliger la cour à la droiture et à l'application loyale des traités, oui, la campagne serait terminée, car nous aurions supprimé toutes les causes qui peuvent amener des opérations nouvelles. Mais ces causes subsistent; nous interrompons la campagne sans avoir expulsé complètement les Chinois du territoire tonkinois, sans avoir poursuivi les Pavillons noirs jusqu'au Yunnan, sans avoir mis dans notre main et rendu impuissante la cour d'Annam. Les événements que j'énumérais plus haut peuvent donc se produire. Se produiront-ils? Ne se produiront-ils pas? Le hasard en décidera dans l'avenir. Nous n'avons pas tiré tout le fruit de nos victoires qui nous permettaient de faire ce que nous voulions dans le pays, nous avons laissé une part à l'inconnu alors que rien ne nous y obligeait; nous avons agi en joueurs qui s'en remettent à la fortune pour un gain qu'un peu de labeur leur aurait donné. Si la fortune nous est contraire, si nous perdons, il nous faudra payer. C'est-à-dire recommencer les opérations de guerre au mois d'octobre prochain[1]. »

1. *Temps* du 8 juin 1884.

XIV

DERNIÈRES NOTES SUR LA VIE TONKINOISE.
— DÉPART. — LA BAIE D'ALLONG.

Commencement de mai.

Le printemps tonkinois a été plus marqué que je ne l'aurais cru. Hanoï change à vue d'œil. Les Annamites que la guerre avaient chassés reviennent en foule et relèvent leurs cases abattues; des Français arrivent et bâtissent de grandes maisons de brique entourées d'une véranda sur le modèle de Saïgon. Le renouveau de l'année coïncide avec la renaissance de la ville. À un mois de distance, on ne reconnaît plus certains quartiers.

D'abord, les grands arbres des pagodes, qui étaient tout nus depuis notre arrivée, se sont hablés, non pas de verdure encore, mais d'énormes et innombrables fleurs d'un rouge vif; cela leur faisait d'immenses panaches qui flamboyaient joyeusement sur le ciel éternellement gris. Quand le vent secouait les branches, ces lourdes fleurs tombaient sur les toits comme des balles de plomb et rompaient les tuiles. Les enfants se rassemblaient en grandes bandes autour des pagodes pour les ramasser; avec leur peau de safran, leur ventre ballonné, leurs rondeurs sans voile, ils ressemblaient à de gros amours jaunes, sous les guirlandes avec lesquelles ils jouaient.

Je suis toujours surpris de les voir si nombreux; il y en a des douzaines grouillant devant chaque porte, avec des têtes drôlement ajustées; l'un est complètement rasé, un autre a gardé un petit marabout derrière la tête, quelque chose comme le germe de la queue chinoise, un autre deux mèches, un autre un simple carré tondu comme un velours sur le sommet du crâne; une petite fille n'a que des bandeaux, qui lui tombent à la chien sur les joues; une autre n'a de rasé que deux petites tonsures carrées, qui ressemblent à un commencement de damier. Ils ont la mine très éveillée et naïve, ils sont peureux comme des Tonkinois et effrontés comme des enfants; au moindre geste qui les inquiète, ils s'enfuient éperdus avec des cris de poule effarouchée, mais ils reviennent promptement avec curiosité, et, s'ils vous trouvent doux avec eux, ils vous harcèlent de leur familiarité bruyante et rieuse.

Ensuite, des fleurs de toute sorte ont paru au marché, apportées par les paysans des environs, des roses à demi sauvages de la pâleur si délicatement veinée de nos églantines, des jasmins, des seringas, des tubéreuses mêlées, avec les hibiscus qui boutonnent toute l'année, à d'autres fleurs aux tons francs que je ne connais point et dont les senteurs violentes se supportent difficilement dans un appartement clos. Les Annamites les arrachent brutalement sans leur laisser ce brin de tige qui, pendant quelques heures, les font paraître encore vivantes comme au jardin; ils les entassent en jonchées au fond des éventaires. Pour reconstituer un bouquet, ils prennent un rameau épineux et piquent les corolles sur les pointes.

Ensuite les litchis, premiers fruits que nous ayons vu nouer, ont grossi; leur joue granuleuse a rougi sous les baisers de l'air tiède, et ils ont mûri. Leur pulpe emprisonnée entre une coque fibreuse et un pépin intérieur rond et brun comme une petite châtaigne est une sorte de gelée transparente, très ferme, d'un parfum de muscat et d'une fraîcheur exquise. Cette fraîcheur passe vite. « Rapide comme un courrier de litchis » est un proverbe tonkinois. Il vient de ce que les empereurs qui n'en ont point dans leurs vergers de Hué en font venir des bords du fleuve Rouge, et le courrier qui les porte doit marcher à toute vitesse pour ne pas leur laisser le temps de se gâter.

Et maintenant les mangues sont mûres à leur tour. Elles apparaissent sur les tables pareilles à de grosses poires jaunes. Leur chair molle se mange avec une petite cuiller. Il faut s'habituer à leur odeur de térébenthine. Nous voilà dans la saison des fruits, les mangoustans vont arriver du sud. Le beau temps est passé, nous annoncent des anciens résidents, préparez-vous aux chaleurs.

———

Comme si la saison de l'espérance était également celle où le croyant sent le plus vivement qu'il est entre les mains de Dieu, il m'a semblé qu'avec le printemps il y avait aussi un renouveau de la piété annamite.

On mettait des fleurs sur les petits autels domestiques que les plus pauvres ont dans leurs logis. On voyait des offrandes sur les tables

sculptées des pagodes devant les bouddhas
obèses assis sur la fleur de lotus. Culte dont la
foi a sombré dans la routine, où le symbolisme
extérieur a remplacé la flamme intérieure;
religion épuisée. Si Bouddha et les innombrables
dieux que la surperstition lui a donnés pour
compagnons se contentent de ce qu'on leur offre,
c'est qu'ils sont bons princes et qu'ils entendent
la plaisanterie. On les honore avec des trompe-
l'œil, on les régale avec des procédés de comédie. On ne leur offre que des apparences. Au
lieu de sacrifier un cheval en chair et en os qui
coûterait très cher, on leur porte une image en
osier semblable à un des jouets de nos bébés;
quelques carrés de papier doré ou argenté sont
censés faire l'office de lingots d'or et d'argent;
pour quelques sapèques, on peut se donner l'air
d'offrir des millions. On expose encore sur les
autels des robes, des bonnets, des souliers qui
sont toujours, d'après ce système, en simple
papier et de modèles minuscules; avec deux
godets de couleur, on y peint des joyaux que les

dieux sont tenus de regarder comme sans prix et des broderies qu'ils sont priés de trouver d'une richesse fabuleuse.

Je ne comprends, du reste, pas grand'chose à l'esprit religieux des Tonkinois. Des pagodes partout, à se toucher dans certaines rues, et des cérémonies, des prêtres, nulle part. Beaucoup de ces édifices tombent en ruine, abandonnés. Dans les autres, le silence. Le curieux qui y pénètre y trouve l'autel voilé, plongé dans l'ombre. Un vieux gardien, aux dents usées, fume sa pipe ou récure ses écuelles dans une niche près de la porte. Il se dresse sur son seuil et vous regarde étonné et inquiet. Je demande où sont les bonzes, on me dit qu'il n'y en a point ou très peu. Le gardien n'est qu'un serviteur payé de ses services sur quelque donation pieuse.

Certains jours, cependant, quelques pagodes s'animent; des femmes s'y réunissent et chantent des prières en rythmant la cadence par des coups frappés sur une tringle de fer, ce qui fait

exactement le bruit qu'on obtient avec une clef
sur une paire de pincettes. Ces chants sont un
monotone récitatif, digne de cet étrange accom-
pagnement. C'est d'abord à bouche fermée un
bourdonnement nasillard pareil à celui d'un
frelon qui cherche à se poser, puis les lèvres
s'ouvrent brusquement, les voix éclatent et des-
cent en chevrotant la gamme avec des bêlements de brebis perdue. Le bourdonnement
recommence, suivi bientôt des bêlements, et
c'est ainsi sans fin.

Pendant quelques soirs, jusqu'à une heure
très avancée, le vent nous a apporté des pagodes
voisines ce carillon de cuisine et ces accents
plaintifs. Malade, plus impressionnable que de
coutume, et rêvant dans le mystère de la nuit,
je m'en sentais à la longue le cœur profondément remué. Il me semblait que c'était l'âme de
ce vieux peuple enfant qui s'exhalait et se révé-
lait à moi; elle disait, dans cette musique
obstinée et rudimentaire, son incurable infériorité, son absence de virilité, sa résignation, sa

trivialité sénile, sa facilité d'humeur. Il est content de bien peu et gai dans son humilité, mais il vous donne cette indicible mélancolie qu'inspire la fatalité des races.

———

Quelques aspects de la ville.

Cinq heures du matin.

Une aube trouble, l'aube d'un pays très humide. De la haute digue qui protège la ville contre le fleuve descend un murmure continu, un jasement de ruisseau toujours roulant. Les coulis s'alignent sur la crête deux par deux en longues files; s'accroupissant, le bambou avec lequel ils portent les fardeaux dressé en l'air, de sorte qu'on les prendrait pour des régiments de lanciers. Ce sont eux, les intarissables bavards, qui font ce bruit au rendez-vous qu'on leur a donné. Hommes et femmes sont pêle-mêle. Parmi les premiers, il y a bien des faces de brutes, taillées à coup de serpe dans le buis, mais très peu ont une expression vraiment mauvaise; un affolement d'étourneau, un rire niais qui demande pardon, quelquefois un air canaille sans profondeur de perversité, voilà ce qu'on lit dessus le plus souvent. Les femmes sont toutes jeunettes avec un cou mince et frêle. Quand elles vont dans les rues à la file, se dandinant aux ondulations du bambou qui plie à chaque pas sous la secousse de la charge, elles ôtent craintivement leur chapeau à chaque Européen qu'elles croisent, et c'est toute une affaire pour remettre cette large machine sur leur tête.

Dix heures.

Quelques chasseurs auxquels la chaleur interdit plus longtemps la campagne rentrent, suivis d'un boy de huit ou dix ans, qui porte le gibier. Des cavaliers reviennent de la promenade matinale. La chasse et l'équitation sont les deux grandes distractions de Hanoï. Des gamins, à la mine effrontée, et qui ont attrapé quelques mots de notre langue, guettent les Français aux portes et s'offrent à les suivre pour aller chercher des pièces abattues ou pour tenir le cheval. On tue, selon la saison, des cailles, des bécassines, des canards, rarement des oies; le gibier à poil n'existe que très loin, dans la montagne, où l'on trouve aussi des faisans et des paons. Les chevaux, proportionnés à la taille des indigènes, sont grands comme des ânes d'Égypte; ce sont de robustes bêtes dans leurs petites proportions, et qui, tout étonnées d'être soignées, deviennent, entre des mains européennes, aussi douces et aussi maniables que les cavaliers bien souvent inexpérimentés qui les montent peuvent le souhaiter.

Les Annamites ne sont pas encore accoutumés à voir dans leurs rues autre chose que des piétons. Ils musent le nez au vent, l'air occupé d'un rêve; le galop du cheval les tire du plus profond

de leur distraction et aussitôt ils se croient
perdus. Le bourgeois le plus grave qui se promène une main au cordon de son grand chapeau
en abat-jour de lampe et pensif à l'imitation des
sages chinois, ses modèles, est pris de peur et
perd toute dignité dans la fuite. Chacun se sauve
en courant, alors qu'il suffirait d'un pas pour se
garer; puis chacun rit de soi-même. Quelques
colons ont fait venir de Hong-Kong des djirinki-
chas, ces petites voitures traînées à bras qu'ont
inventées les Japonais, et c'est bien pis avec
elles : la foule ne sait plus que devenir quand
elle en aperçoit une arriver.

C'est le moment le plus animé de la journée
dans les quartiers indigènes. Il y a cohue au
marché, presse devant les boutiques, abondance
de passants dans les rues. Nos villes d'Europe
ignorent ce fourmillement d'une population tout
entière au dehors. Regarder passer la foule en
quelque endroit du monde que ce soit est un
plaisir dont un observateur ne se rassasie point;
pour lui, chaque figure, avec la physionomie

particulière que lui ont imprimée les passions,
porte écrite dans ses traits une histoire à déchif-
frer; ici le plaisir se double de l'étrangeté de la
race que les figures racontent en même temps
que la vie des individus. Les vieillards ont des
visages de vieille pomme tapée, toute ridée et
toute flétrie, qu'ils essayent en vain de rendre
sérieux : gravité de surface qui cède brusquement sous une impression de frayeur ou sous
une envie de rire. Les jeunes gens semblent
effrontés, peureux et bons enfants; souvent les
amis vont la main dans la main l'un de l'autre
ou le bras passé sur l'épaule. Les femmes font
de petites vieilles qui gardent toujours quelque
chose d'enfantin dans leur mine rusée et naïve
à la fois; les jeunes, qui ont quelque toilette, se
mettent aux pieds de grandes et lourdes semelles
à la pointe recourbée en bec de sabot, qu'elles
traînent avec peine et qui leur donnent une
démarche hésitante; elles ont l'œil doux, un air
de mouton en dépit de leurs luisants bandeaux
de gros cheveux noirs partagés à la gamin sur

le coin du front et de la crânerie du nœud de leur turban.

Peu de gestes et beaucoup de mots dans cette foule ; l'Annamite parle sans cesse ; des querelles assez fréquentes, promptes comme la poudre ; les femmes vocifèrent sur un ton soutenu, vomissant des flots de paroles incroyablement pressés ; la grande injure du pays est de menacer les ascendants de son adversaire d'outrages impossibles à rendre en français. Plus la fureur est grande, plus haut on remonte dans les aïeux. L'instant d'après, tout est oublié. Ce monde peut avoir des passions vives, à coup sûr il n'en a pas de profondes ; s'il se cache quelque chose de fort et de tragique en lui, sa physionomie n'en dit rien, car la nature qu'elle révèle est tout à fleur de peau.

Cette absence d'énergie fatigue même à la longue. On la retrouve partout qui saute aux yeux : dans les visages, où rien de mâle ne paraît ; dans les vêtements de coupes féminines, aux plis pauvres et étriqués ; dans les gestes, où toujours se sent quelque chose de la crainte installée en permanence au fond de l'âme; dans l'histoire, qui est celle d'un éternel esclavage; dans les mœurs, empreintes d'un humiliant servilisme. Les sentiments qui constituent pour nous la noblesse humaine et qui ont inspiré nos héros sont étrangers à cette foule, et, quand je l'ai trop longtemps observée, je me débarbouille la vue à regarder un de nos officiers qui passe, fièrement campé sur sa selle, la moustache retroussée, le sabre battant sur la cuisse.

Cinq heures de l'après-midi.

Les marchands commencent à quitter les nattes étalées sur le seuil des boutiques; les marchandises rentrent dans les paniers et dans les boîtes où on les serre; les portes en auvent se rabattent sur les demeures, le bruit s'apaise dans la vie indigène. C'est, au contraire, l'heure où les Français affluent dans la rue des Incrusteurs, leur promenade favorite. Les bureaux ferment, les officiers ont expédié leur service, on va prendre l'absinthe chez madame de Bère. Les plus voisins sont à pied, flânant le long des boutiques, donnant un coup d'œil aux broderies qu'ils ont commandées et que l'ouvrier achève, aux incrustations nouvelles qui paraissent aux étalages; les autres arrivent sur leurs petits poneys lancés au galop, qui font bravement tourbillonner le sable de la rue. Quelques officiers ont leurs chevaux de France ou d'Afrique, et ces grandes bêtes énormes, au milieu de ces montures naines, ont l'air de sortir de ce pays dont les habitants prenaient Gulliver sur la paume de leur main.

Des gamins tonkinois se précipitent en se culbutant au-devant des cavaliers, pour leur prendre la bride, et, quand il y a quinze à vingt chevaux tenus par ces pouilleux aux débraillés pittoresques, en désordre dans l'herbe folle qui pousse le long du mur de l'autre côté de la rue, le tableau est amusant.

Bien modeste, le Helder de Hanoï : un toit de paillotte sur des poteaux et des tables de bois blanc. Mais on se retrouve autour, la citadelle échange les nouvelles avec la concession. On commente les nominations récentes ; on éreinte un peu les camarades favorisés, qu'on félicite un moment après quand ils arrivent ; on discute les faits de la campagne ; on se redit des épisodes que tout le monde connaît. La ligne se plaint d'être sacrifiée à la marine, qui trouve qu'elle a cent fois plus de raison de se plaindre ; on joue les consommations aux dominos. Des mendiants s'approchent et tendent la main, des prestidigitateurs et des acrobates opèrent dans la rue, sous les pieds des chevaux surpris, au son d'une musique criarde, entourés d'un cercle bruyant de galopins. Les incrustations qui ont quelque tare et se vendent difficilement en boutiques sont apportées à cette sorte de petite foire par des gaillards qui les colportent de table en table, faisant des prix dont ils sont tout de suite disposés à rabattre les deux tiers.

Madame de Bère est une institution à Hanoï. Elle a sa légende. Elle faisait partie de l'expédition Dupuis et n'a jamais plus quitté le Tonkin. On vous raconte avec quel courage elle a fait le coup de feu contre les Pavillons noirs, avec quel dévouement elle a soigné les blessés. On s'attend à une façon d'héroïne et on trouve une bonne vieille aux mains débiles et tremblantes, toujours volée et toujours recommençant sa fortune, grâce à la sympathie générale qui l'entoure. Des dix-huit compagnons européens de M. Dupuis, deux sont mort et neuf sont restés au Tonkin, inébranlablement confiants dans leur ancien chef, l'attendant toujours pour recommencer. Quoi qu'on dise de cet homme, on n'en fera pas un homme ordinaire.

Neuf heures du soir.

La nuit noire, une de ces obscurités opaques que verse un ciel chargé. Des millions de lucioles brillent autour des haies et ondoient au souffle du vent comme les flammèches d'un silencieux incendie. Les quelques lanternes pendues à des poteaux pour indiquer les rues semblent être de leur famille, tant leur lumière est impuissante contre ces ténèbres. Des bandes de petits animaux invisibles trottinent le long du lac et des mares où retentit la voix de basse des grenouilles. La ville muette semble déjà dormir. Il n'y a plus personne dans les rues. Peut-être, au loin une lanterne qui marche : c'est un Français invité à dîner qui regagne son logis.

Cependant, des cases de la ville indigène, par les planches mal jointes, s'échappent des filets de lumière, des bruits d'instruments qui continuent à travailler, des chuchotements de conversation discrète. On dirait que les Tonkinois ne

sont pas soumis aussi impérieusement que nous
au besoin du sommeil. Un ouvrier continue
toute la nuit une besogne commencée. Après
nos marches en colonne, si fatigantes pour eux
qui les faisaient chargés du convoi, les coulis
couchés autour de nous se mettaient à bavarder
au lieu de dormir. Il fallait nous fâcher pour les
faire taire.

Parfois, si vous jetez un regard dans une de
ces cases, vous apercevez un spectacle singulier
et qui vous inquiètera tout d'abord. Des hommes
sont étendus de tout leur long, en tas, sur des
planches, comme des cadavres, autour d'une
petite lampe, dont la lueur ensanglante leurs
figures de reflets rouges au milieu de l'obscurité qui enveloppe le reste de la scène.
Ils trempent une aiguille dans la substance
liquide, noirâtre, que contient une petite boîte,
exposent à la flamme la goutte qui y reste atta-
chée, la pétrissent, la chauffent encore, la repé-
trissent, et, quand elle est préparée, l'introduisent dans l'étroit fourneau d'une pipe qu'ils

allument aussi à cette lampe. Ce sont des fumeurs d'opium qui se livrent à la triste passion qui les amaigrit, les abêtit et les tue. Ils ne disent rien, ils ne font point de bruit; le mystère des actions honteuses, une sorte de stupeur, pèse dans la salle.

---

15 mai.

Je vais plus mal. Les médecins m'ont dit : il n'y a plus qu'un remède, partez. Le Tonkin n'a point usurpé la réputation de salubrité qu'on lui a faite, comparé à la Cochinchine. Les soldats vivent des semaines dans la boue et dans l'eau, sans qu'il s'en suive beaucoup de maladies. Pourquoi suis-je du petit nombre des frappés? Il a fallu partir.

Je quitte Hanoï avec un regret. Dans cette grande ville qui se relève de ses ruines, on sent que quelque chose de considérable commence;

mon regret, c'est de ne pas voir ce que ce quelque chose deviendra. Au départ, officiers, fonctionnaires, colons, me font tous le même adieu : « A Paris, à Paris, nous nous retrouverons sur le boulevard. » Paris! le boulevard! L'air en est comme le breuvage de Circé : quand il l'a une fois respiré, le Français en reste ensorcelé pour la vie. Et même quand il n'en a pas goûté encore, il en subit déjà le charme; il en a tant entendu parler qu'il brûle de le connaître. Paris est pour lui le cœur et la merveille unique du monde. Peut-être est-ce là la principale des raisons pour lesquelles nos colons ne se fixent jamais au loin sans esprit de retour. Aucun pays ne leur fait oublier l'enchanteur. Beaucoup ne le verront probablement jamais, même une fois rentrés en France; ils se retireront chez eux, en Bretagne ou dans le Roussillon; mais de là, du moins, il leur semble qu'ils l'auront sous la main, à leur portée, et qu'ils ne seront plus en exil.

Pour la dernière fois que je le descends, le

fleuve Rouge est plein de spectacles lugubres.
Quelque bande de pirates ou de Pavillons noirs
a dû saccager un village dans le haut du fleuve,
et, comme il arrive après toutes ces catastrophes,
on a jeté les victimes à l'eau pour s'en débarrasser plus vite. Après être restés quelques jours
au fond, les cadavres sont revenus à la surface;
ils descendent le courant, étendus sur le dos, la
peau gonflée, les membres tendus, dans des poses
qui singent affreusement la vie. L'un d'eux
brandit le bras vers le ciel comme pour en appeler les foudres sur ses assassins, et un corbeau
attiré par l'odeur est venu se poser dessus.
L'imagination la plus sombre n'a pas inventé de
tableau plus sinistre que ce fauconnier de la
mort avec son oiseau noir sur le poing.

Les marins de notre chaloupe ont vu ces
morts passer à Hanoï la veille, ils les connaissent et ils nous les annoncent :

— Maintenant vous allez en voir un qui a le
cou coupé.

Deux bateaux à vapeur appartenant à la maison Roques font le service entre Haï-Phong et Hong-Kong. Six à sept voyages par mois, les plus rapides en cinquante heures; d'autres fois on s'arrête longuement à Hoï-Haou, dans l'île de Haïnan, et on n'arrive que le sixième jour, ce qui fut notre cas. Le navire devient alors une sorte de chambre de torture d'où s'échappent des cris déchirants. On embarque, en effet, des cochons vivants que le Tonkin expédie maintenant régulièrement en Chine; chaque bête est enfermée dans un panier qui emprisonne ses mouvements; on les empile par rangées les unes par-dessus les autres sur le pont, à la façon des sacs de blé; on ne les délivre et ne leur donne à manger qu'au terme du voyage. Les premiers jours, les cochons grognent avec colère, comme des mystifiés qui trouvent la plaisanterie mauvaise; puis, à mesure que la faim les tourmente, le ton change, ils deviennent suppliants, mais d'un suppliant, d'un plaintif, d'un pressant, d'un attendrissant, d'un expressif qu'on n'attendrait point d'un animal. A quiconque s'arrête devant eux, ces pauvres goinfres, affaissés dans leur graisse, anéantis dans un chagrin stupide, recommencent leur lamentation.

———

Nous passâmes par la baie d'Allong, en doublant la pointe de la Cac-Ba; on perd quelques heures à prendre ce chemin; il est vrai que le spectacle le vaut bien. Cette merveille naturelle défie toute description. Qu'on essaye d'imaginer que tous les monstres, toutes les apparitions dont les banquises des mers du Nord inquiètent l'esprit des marins ont été poussés au fond du golfe du Tonkin, se sont massés le long de la côte et qu'on navigue au milieu des troupeaux de ces énormes colosses, dont le nombre paraît aussi incalculable que celui des grains de sable au bord de l'Océan. Des milliers et des milliers de rochers de quatre à cinq cents pieds de hauteur surgissent à pic du fond des eaux et des-

sinent des formes si étranges, si rares, que l'imagination leur découvre les ressemblances les
plus inattendues ; aux pics pointus, aux ballons
arrondis, aux crêtes ébréchées se mêlent des pyramides renversées en équilibre sur leur pointe,
des tours gigantesques, des châteaux déman-
telés, des profils de Behemoths et de Leviathans
à demi émergés, des dômes de cathédrale, des
fûts de colonne, des murailles en ruine qui font
songer à quelque ville que les Titans auraient
habitée. Les parois de marbre étalent de grandes
surfaces nues et grises sur l'indestructible du-
reté desquelles rien n'a pu mordre, mais les
sommets sont coiffés de buissons serrés, drus et
courts qui ressemblent à une toison verte. La
mer, étranglée en étroits couloirs, semble frappée
de stupeur à voir tous ces colosses immobiles
se regarder dans ses eaux ; elle est noire et
lèche leurs pieds silencieusement. Un calme de
tombeau, un calme de pierre, lourd, écrasant,
enveloppe leur solennelle tranquillité. Il y a peu
d'êtres vivants sur ces rocs. On n'y voit point

d'oiseaux; à peine sur ceux qui sont les plus voisins de la terre, entend-on parfois crier un singe qui joue dans le feuillage.

Le navire allait droit vers le nord; nous regardions saisis d'étonnement les rochers succéder sans interruption aux rochers; puis il tourna vers l'est, et le soir nous atteignîmes la mer libre. Quelques colosses qui semblent s'être figés trop tôt, pendant qu'ils essayaient de rejoindre le gros de la troupe, se voient encore un moment bossuant l'horizon de leurs dos monstrueux, puis toute trace de la merveille disparaît. Mais, si nous avions continué notre route vers le nord, nous aurions pu naviguer tout un jour sans en sortir; pendant des centaines de kilomètres, dit-on, jusqu'au cap Paklung, ce sont toujours de nouvelles surprises, des édifices chimériques et de vagues animaux fabuleux.

XV

RÉFLEXIONS

SUR LES AFFAIRES DE L'EXTRÊME ORIENT

La nouvelle de la signature de la convention de Tien-Tsin arriva à Hong-Kong pendant que j'y étais. Elle y trouva tout le monde incrédule. Quelles raisons pressantes avait la Chine de conclure la paix? Aucune. Nous ne la menacions nulle part directement; bien plus, elle occupait encore trois provinces du Tonkin que rien ne l'obligeait à nous abandonner puisque nous n'avions pas su l'en chasser. M. Patenôtre n'était pas encore arrivé, la mission de M. Fournier n'était pas encore connue. A l'invraisemblance des dispositions pacifiques de la Chine s'ajoutait ainsi l'absence supposée d'un diplomate français pour signer. La nouvelle semblait manifestement fausse. On n'y ajouta foi que lorsque les journaux de Shanghaï arrivèrent avec le texte même du traité.

Cette convention de Tien-Tsin était une bonne fortune inespérée, j'ajouterai imméritée. Il avait fallu pour la conclure : de notre côté un officier entreprenant, connu et aimé de Li-Hung-Chang, qui tira parti de l'émotion causée par la honteuse déroute des troupes chinoises à Bac-Ninh et des craintes inspirées par les projets menaçants que la presse anglaise de l'extrême orient attribuait à la France; du côté de la Chine, un mandarin éclairé, suffisamment renseigné sur les affaires d'Europe, comprenant que, dans une guerre entre la France et la Chine, la France serait tôt ou tard victorieuse, et désireux d'éviter à son pays les humiliations et les malheurs d'une pareille aventure. Mais ce mandarin n'est pas toute la Chine ; au moment même où Li-Hung-Chang négociait avec le commandant Fournier, le parti hostile aux étrangers essayait, dans le Tsong-li-Yamen, de faire échouer les négociations ; pendant tout un jour on put croire qu'il y parviendrait. Après la signature de la convention, ce parti, ferme dans son attitude, travailla à la faire rompre. Il possédait un argument puissant, auquel Li-Hung-Chang n'avait à opposer que des raisons peu compréhensibles pour des Chinois qui regardent les Européens comme un ramassis de barbares révoltés. — Nous occupons toujours trois provinces du Tonkin, disait le parti de la guerre, pourquoi les abandonner de nous-mêmes ? Si les Français s'en emparent malgré nous, il sera bien temps alors de les leur céder ; jusque-là il y aurait trahison à ne pas nous y maintenir. Cet argument si logique finit par rallier la majorité. Et il gardera toute sa valeur tant que nous n'aurons pas occupé entièrement le Tonkin. La convention de Tien-Tsin a été violée parce que, en laissant Lang-Son aux mains des Chinois, nous leur avions laissé la tentation de le conserver ; et elle ne redeviendra un traité sérieux et respecté que le jour où nous leur aurons ôté cette tentation en les expulsant de cette ville et des autres places tonkinoises qu'ils possèdent encore. Formose ne sera un gage important que lorsque les Chinois n'en auront pas un autre à nous opposer. Pour le moment nous offrons de rendre Formose en échange des trois provinces tonkinoises. Si la cour de Pékin préfère les trois provinces tonkinoises à Formose — et c'est, en effet, le cas — elle n'a point de raison pour accepter l'échange, elle ne traitera point. Mais le Tonkin une fois entièrement occupé, si nous offrons à la Chine de lui rendre Formose à condition qu'elle reconnaîtra la situation créée par la force de nos armées, la cour de Pékin obtiendra une restitution effective en abandonnant des droits devenus purement platoniques. Elle aura intérêt à traiter, elle traitera.

Je m'arrête; mon livre n'est pas un livre de discussion. Il est ennuyeux d'imprimer sur des sujets auxquels les événements peuvent ôter tout intérêt avant même que le volume soit mis en vente. Supposons que nos difficultés avec la Chine sont terminées, que la paix règne dans l'extrême orient, que nous gouvernons tranquillement le Tonkin. Et qu'on me permette d'exposer quelques vues sur ce que nous avons à faire dans cette partie du monde. Ce n'est pas que j'attende le moindre effet de ce que j'écrirai; mais le premier plaisir des apôtres est de confesser leur foi, le plaisir de convertir ne vient qu'en second.

Tout d'abord je voudrais qu'on installât à Pékin une école dans le genre de nos écoles de Rome et d'Athènes. L'État entretiendrait dans cette ville célèbre, aussi luxueusement que possible, sept ou huit savants dont l'unique emploi serait d'étudier la civilisation chinoise et de nous en faire connaître les résultats et les monuments. Nos politiques y gagneraient des do-

cuments certains sur le peuple le plus nombreux
de la terre dont nous sommes désormais les
voisins ; nos philosophes en profiteraient encore
davantage. Cet institution, en effet, ne pourrait
manquer de faire faire de grands progrès à la
connaissance de l'esprit humain ; la société chinoise s'est développée dans une parfaite indé-
pendance, elle a fait la plupart des expériences
qu'ont faites les sociétés occidentales et beaucoup
d'autres encore dont l'étude fournirait certainement à l'Europe des notions nouvelles sur
l'homme.

En attendant les travaux de notre école de
Pékin, je voudrais qu'on rédigeât un petit ma-
nuel de ce que nous savons dès maintenant de
la Chine. Quelques maximes dans le genre des
suivantes rendraient impossibles bien des bévues
si nos fonctionnaires et nos hommes politiques
consentaient à s'en pénétrer.

La Chine ne ressemble point à l'Europe.

Les Chinois sont plus fiers d'être Chinois que
nous ne le sommes d'être Français. Ils ne se

considèrent pas seulement, à l'exemple de tant d'autres nations, comme le premier peuple du monde, ils se considèrent comme le seul digne de ce nom. Notre avis n'est pas pour eux l'avis d'un supérieur, ainsi que notre vanité est disposé à l'imaginer; il est exactement le contraire. Il n'a des chances d'être écouté que s'il est appuyé par la crainte de notre force.

Les Chinois ne conçoivent point ce qu'est l'Europe; ils nous jugent sur les faits qu'ils ont immédiatement sous les yeux. Une concession qui peut être considérée comme une faiblesse, va contre son but en les rendant moins pressés de conclure. D'autre part, les fonctionnaires chinois sont le produit d'une série d'examens; ils ont l'infatuation propres aux hommes de tous les pays qui arrivent par les concours, ils sont vains, suffisants, superbes, faciles à blesser. Il résulte de ces deux observations, que lorsqu'on traite avec eux, il faut être très ferme avec le gouvernement, et très poli, très calin s'il est possible, avec ses représentants.

L'orgueil chinois est justifié par beaucoup de bonnes raisons tirées des mœurs de l'empire et de sa situation intérieure. Il ne s'affaiblira point à notre contact ; les mandarins sachant une langue européenne et qui ont visité l'Europe ne reconnaissent nullement notre supériorité. Comment le peuple la sentirait-il?

« Plus j'apprendrai la civilisation moderne, plus ma passion pour nos vieilles institutions augmentera, car elles seules réalisent ce qu'elles promettent : la paix et l'égalité. » Ainsi s'exprime le colonel Tcheng-Ki-Tong qui écrit le français avec beaucoup d'esprit. L'idéal des Chinois est dans le passé ; la sagesse pour eux consiste à ne rien innover, à imiter aussi fidèlement que possible les ancêtres. Le code encore aujourd'hui en usage dans l'empire a été promulgué en l'an 253 avant J.-C. Notre conception du progrès, entendu comme une marche continue en avant à travers d'incessantes modifications leur fait horreur. Les raisons par lesquelles nous l'expliquons et qui nous paraissent triomphantes leur semblent autant d'iniquités.

Les Chinois se sont appliqués à limiter la production aux besoins de la consommation et à conserver au travail le caractère domestique. Ils répugnent profondément à la grande industrie qui a engendré le prolétariat en Europe. Aussi les théories de développement industriel à outrance, de production pour l'exportation dont nos spéculateurs essaient de les éblouir, ou leur sont inintelligibles, ou leur paraissent folles. L'idée d'un grand commerce extérieur serait une hérésie dans leurs principes économiques. Quand nos diplomates insistent sur les avantages que la Chine pourrait retirer de relations actives avec les autres puissances, leurs arguments sont plus propres à repousser qu'à attirer les hommes d'État chinois.

L'éducation en Europe est essentiellement intellectuelle, elle vise à l'émancipation de l'individu. L'éducation en Chine est essentiellement morale, elle enseigne à l'individu à vivre raisonnablement dans une parfaite soumission à l'autorité familiale. Cette morale est toute pratique, elle considère « le moyen terme comme l'indice du meilleur ». Elle fait de la paix le principal élément du bonheur et l'offre aux hommes comme la récompense de la vertu ici-bas. Plusieurs milliers d'années de cette éducation ont donné à la Chine une aversion invincible et un mépris profond pour les choses de la guerre. Pour qu'elle devint une nation militaire, il lui faudrait renier toutes ses doctrines et changer d'âme, c'est-à-dire l'impossible.

Le sentiment de l'honneur est né en Europe de la nécessité où l'homme féodal, n'ayant à compter que sur soi, se trouvait de se faire respecter à tout prix sous peine de périr. Dans le régime familial chinois, l'individu, toujours dépendant des siens, n'ayant point passé par cette épreuve, n'a point acquis ce genre d'orgueil. Dans l'infortune, le Chinois se fait petit; dans la prospérité, il est insolent. L'homme d'État le plus distingué est capable de beaucoup de fourberies et de beaucoup de bassesses pour sauver sa tête, quitte à reprendre beaucoup de morgue quand l'orage est passé.

Il n'y a pas de gouvernement chinois au sens européen que nous donnons à ce mot. La cour vit du revenu des mines et de l'argent qu'elle extorque aux mandarins pour leur faire payer leur emploi. Deux minorités successives ont affaibli son autorité. Chaque province est un royaume presque indépendant avec son budget particulier et son armée particulière. Les fonctionnaires les plus importants se partagent sur l'attitude à prendre vis-à-vis des étrangers; les vieux Chinois, dont le plus connu est le prince Tchoun, père de l'empereur actuel, ont le fanatisme de leur civilisation et repoussent toute compromission avec les barbares. Les autres à la tête desquels est Li-Hung-Chang sont moins aveugles sans être moins Chinois. Ils se rendent compte de la force de l'Europe et voudraient au moins lui emprunter les moyens de se défendre contre elle. L'impératrice plane, divinité mystérieuse, au-dessus de ces deux partis sans qu'on

puisse dire de quel côté la porte plus spécialement son instinct. Tantôt elle cède à l'un, tantôt
à l'autre, ce qui explique qu'à deux jours de
distance la *Gazette de Pékin* publie des décrets
qui se contredisent. Aucun étranger n'a jamais
vu cette femme qui vit cachée au fond de son palais : on dit qu'elle ne donne audience à ses
ministres eux-mêmes que cachée derrière un
rideau. C'est une ancienne concubine de l'empereur Si-Yen-Fan, qui passe pour être extrêmement ambitieuse; on l'accuse d'avoir, pour
garder la régence, fait tuer le jeune empereur
son fils au moment où il atteignait sa majorité.

Je pourrais continuer ces maximes. En voilà
assez, je crois, pour démontrer l'utilité du travail que je réclame. Le premier soin d'un politique est de connaître ses adversaires.

———

Notre domination au Tonkin aura à compter
avec trois éléments : 1° le peuple, une masse

compacte, laborieuse et patiente, de douze à quinze millions d'habitants, qui est bien la race la plus humble, la plus résignée, la plus dépourvue de qualités guerrières, la plus facilement gouvernable qui soit au monde, un peuple qui a la débilité de l'enfant et celle du vieillard à la fois et qui, si l'on refuse à croire à ses sympathies pour nous, assiste, du moins, on en conviendra, avec une singulière indifférence à son changement de maîtres; 2° les lettrés qui étaient les vrais maîtres de ce peuple avant notre arrivée, que nous avons dépossédés de ce privilège, qui sont par conséquent les seules victimes de notre domination, que nous menaçons dans leur existence même par l'exemple de la Cochinchine, où nous nous sommes complètement débarrassés d'eux, et qui ont toutes les raisons possibles pour nous détester cordialement; 3° la Chine, mère de la civilisation annamite, dont l'influence morale restera toujours grande parce que c'est elle que, depuis des siècles, l'Annam est accoutumé à prendre pour exemple, et qui, profondément troublée dans ses traditions et ses habitudes par notre voisinage, aura une inclination naturelle à encourager par dessous main les complots qui se fomenteront contre nous.

Donc un élément neutre, plutôt sympathique, et deux éléments plus ou moins ouvertement hostiles. Pour que le gouvernement soit facile et peu coûteux, il nous faudra nous appliquer à ôter au premier tout motif d'écouter les excitations des deux autres.

Sur la Chine nous n'aurons jamais qu'une action indirecte. J'ai expliqué que c'était son prestige même que le gouvernement chinois défendait contre nous au Tonkin. L'aversion pour notre voisinage, qui l'a décidé à entrer en campagne, lui fera souhaiter notre départ alors même que notre établissement sera définitif. Il ne se résignera jamais complètement, et son mauvais vouloir sera comme un mal endémique pour notre colonie. Il dépendra de nos représentants à Pékin d'obtenir par leur habileté de bons choix de fonctionnaires dans les provinces frontières. Il nous faudrait avoir à la tête du Kouang-Tong, du Kouang-Si et du Yunnan des hommes de l'école de Li-Hung-Chang qui, sans professer un enthousiasme démesuré pour les Occidentaux, cherchent à vivre au meilleur prix possible en bon accord avec eux.

Sur les lettrés annamites nous avons pouvoir immédiat; ils sont entre nos mains. Nous pouvons ou les supprimer radicalement ou les réduire à nous servir avec les apparences de la fidélité. Leur existence est un mal; la question est de savoir si leur suppression n'en serait pas un pire. Étant donné qu'il s'agit pour nous de ne point mécontenter et de ne point troubler dans sa vie ce peuple si humble, si doux et si facile, que vaut-il mieux de les garder ou de les détruire? Pour moi, j'ai rapporté de mon passage dans le pays la conviction qu'il sera beaucoup moins dangereux de les garder.

Quand on parcourt le Tonkin, on est émerveillé du nombre extraordinaire des villages, de l'étendue de beaucoup d'entre eux, de la surabondance de la population. Cette masse de douze à quinze millions d'habitants est fort imposante rien que par son nombre. Elle supposerait une légion de fonctionnaires de tous genres pour l'administrer. Cette légion, où la prendre ? La Cochinchine ne lâchera qu'avec peine les bons sujets qu'elle peut posséder. Puis, est-ce avec le surplus d'une colonie de quinze cent mille âmes que l'on constituera les cadres d'une colonie nouvelle qui en compte dix fois plus ? D'autre part, ce serait folie que de les improviser avec des nouveaux venus de France. Ce monde annamite est si différent du nôtre ! Il est si difficile, avec la meilleure volonté du monde, de le comprendre !

Un moyen de connaître un peuple est d'étudier ses idées religieuses et philosophiques ; en l'état actuel, une pareille étude est impossible, non seulement pour l'Annam, mais pour tout l'extrême orient. De bons travaux de détail ont été publiés par les sinologues ; quant à un résumé donnant des notions claires et certaines sur les croyances de cette énorme partie de l'humanité qui couvre le globe du Nippon à Malacca, on n'y saurait songer de longtemps, car le terrain est trop insuffisamment reconnu. La plupart des résidents européens tranchent la question en disant le plus sérieusement du monde que des gens qui se ruinent en pagodes et chez qui la famille est fondée sur la croyance à la survivance de l'âme n'ont point de religion du tout. C'est une opinion commode qui n'est pas de nature à troubler les digestions; mais ce qui convient à un particulier, dont, après tout, ce n'est pas l'affaire, ne saurait contenter un politique.

Un autre moyen de connaître un peuple est d'étudier son droit, dépôt de ses coutumes et de ses façons d'être. En ce qui concerne l'Annam, cette étude n'est pas beaucoup plus abordable pour les Européens que celle des idées religieuses. Il existe bien deux traductions françaises du code annamite et des traductions anglaises du code chinois, dont le premier n'est qu'une copie, mais ces codes sont presque entièrement consacrés au droit criminel ; le droit civil, confondu avec la morale, est resté indistinct dans les livres sacrés ; les prescriptions n'en sont nulle part écrites en formules pratiques ; l'expérience ne peut s'en acquérir que par une connaissance intime de la vie annamite qu'il est à peu près impossible à un Européen d'acquérir avec l'existence éloignée du monde indigène qu'il est naturellement porté à s'arranger dans le pays.

Notre droit a pour principe fondamental le respect et la protection de l'individu considéré comme un être libre et égal aux autres membres de la société ; le droit annamite a pour base le respect et la protéction de l'autorité familiale devant laquelle tout s'efface. De là une différence radicale qui va se répétant en divergences infinies dans la manière d'envisager toutes les questions sociales. Une autre différence, presque aussi profonde, provient de la polygamie, et s'ajoute à la première. Les usages relatifs au mariage, aux adoptions, aux successions sont absolument étrangers à nos idées. Chargera-t-on des Français de les appliquer? Mais, si les Annamites n'ont pas le crâne fait comme nous, il faut bien se convaincre que la réciproque est vraie, et que nous n'avons pas le crâne fait comme eux, c'est-à-dire qu'il nous est extrêmement difficile de nous placer à leur point de vue et de ne pas trouver niaises ou injustes quantité de choses qui leur paraissent fort respectables. On ne fait bien respecter que ce qu'on respecte soi-même; même en supposant que, par impossible, on constitue un personnel les connaissant suffisamment, des Français seront toujours de mauvais gardiens pour des coutumes annamites.

On a essayé de l'administration directe en Cochinchine. On a commencé par ôter la justice civile aux mandarins pour la confier à des administrateurs européens. Puis ces administrateurs appliquant très mal les coutumes annamites, on a projeté d'imposer aux indigènes un code civil spécial que des légistes européens constitueront de toutes pièces et que les juges européens pourront apprendre. Nous avons précipité la société indigène dans un complet désordre parce que, après lui avoir donné des juges qui ne connaissaient pas ses lois, nous avons été conduits à lui donner des lois qu'elle ne connaît pas elle-même. Renouveler cette pitoyable expérience au Tonkin, ce serait en bouleverser la population et courir de gaieté de cœur au devant des difficultés. Si nous voulons l'éviter, les mandarins nous sont indispensables.

Nous trouvons au Tonkin une société aussi fortement organisée que la nôtre, avec la commune plus indépendante qu'en France à la base, et des cantons, des arrondissements, des préfectures, la séparation des pouvoirs et de grands services publics. En théorie, cette organisation vaut mieux que tout autre, puisqu'elle est sortie du développement naturel de la civilisation locale. Dans la pratique la corruption des fonctionnaires en a, comme en Chine, faussé tous les rouages. Conservons l'organisation et réformons les fonctionnaires.

La corruption légendaire des mandarins tient

plus à la situation qui leur est faite qu'à une
perversité foncière de la classe des lettrés. Pour
le moment, elle est en quelque sorte obligatoire.
La loi chinoise, copiée par les Annamites, s'est
faite une idée trop haute de la sagesse humaine;
elle suppose qu'un homme instruit chargé d'administrer ses concitoyens est suffisamment payé
de ses peines par le plaisir de faire régner la
justice; les appointements des mandarins les
plus élevés ne dépassent guère ceux du boy auquel un Européen fait cirer ses bottes. Qu'arrive-
t-il? Ayant dépensé en partie ou en totalité leur
fortune pour achever leurs études, les mandarins pressurent le peuple, d'abord pour vivre
conformément à leur rang, ensuite pour se refaire
un bien et se mettre à l'abri du besoin en cas de
disgrâce. La première réforme à faire est de leur
attribuer des appointements convenables. Une
fois l'excuse pour prévariquer supprimée, on
punira impitoyablement les prévaricateurs. Quelques exemples sévères établiront promptement
d'autres mœurs. Les mandarins continueront

leurs fonctions, n'ayant du pouvoir que la partie qui pèse au peuple; tandis que nous, recours suprême du peuple contre eux, juges en dernier ressort des griefs des administrés contre les administrateurs, nous en aurons le beau côté, nous garantirons la sécurité et la justice.

Il ne sera pas plus difficile d'avoir raison de leur hostilité. Jusqu'à l'heure actuelle nous avons tellement manqué de vues et de décision que nous n'avons pas su créer parmi eux un parti français, nous avons toujours délaissé ceux qui se sont compromis avec nous. Placés entre une cour d'où dépend leur avancement et des étrangers qui ne reconnaissent point leurs services, ils restent attachés à la cour; le moindre espoir aurait attiré plus d'un ambitieux de notre côté; nous n'avons jamais essayé de le faire naître. Nous enveloppons dans un égal mépris tout ce qui est indigène comme s'il ne valait pas la peine de distinguer ce qui est utile et ce qui est dangereux. Ces hommes ont des passions et des intérêts par lesquels la plus vulgaire habileté veut

qu'on essaie de les prendre et de se les attacher.
On a déjà manqué plusieurs fois l'occasion d'en
détacher quelques-uns. Pour ceux qui nous
resteront contraires, nous devons être sans pitié,
car il importe que nous établissions parmi eux et
au plus vite cette-conviction qu'il est désormais
impossible à un mandarin d'être notre adversaire
et de rester en place. Il y a deux choses dans la
fonction de mandarin, il y a le grade qui
s'obtient à l'examen, et il y a l'emploi qui est con-
féré par le roi. Un lettré fût-il sorti le premier
de tous les concours n'a qu'un grade purement
honoraire tant qu'il n'est pas pourvu d'une
place; sa fortune dépend donc entièrement du
souverain. Il faut que ce souverain devienne
notre créature; qu'il soit entre nos mains un
instrument docile et que les mandarins, qui
dépendent de lui, dépendent désormais en dernier ressort de nous dont il dépendra lui-même.
Nous avons aujourd'hui une garnison à Hué; il
faut que notre résident y soit d'une manière
effective le premier ministre. Du jour où nous

avons été les maîtres d'agir, les deux régents Nguyen-van-Thuong et Ton-Tach-Tuyet qui ont trahi à plusieurs reprises leurs engagements envers nous n'auraient pas dû rester vingt-quatre heures de plus dans la capitale. Que l'on sache d'avance par tout l'empire que quiconque n'est point avec nous, grand ou petit, sera immédiatement brisé, et en aucun pays du monde il ne sera plus facile de gouverner paisiblement.

FIN

TABLE

BOURLOTON. — Imprimeries réunies, B.

www.ingramcontent.com/pod-product-compliance
Ingram Content Group UK Ltd.
Pitfield, Milton Keynes, MK11 3LW, UK
UKHW020117130726
13696UKWH00001B/91